Heimorgel
to Heaven

Bibliografische Information der Deutschen Nationalbibliothek
Die deutsche Nationalbibliothek verzeichnet diese Publikation in der Deutschen Nationalbibliografie; detaillierte bibliografische Daten sind im Internet über https: //dnb.dnb.de abrufbar.

ISBN 978-3-95786-357-1

Auch als E-Book unter der ISBN 978-3-95786-381-2 erhältlich.

Projektleitung: Michael Pruß
Gestaltung: Lisa Miller

Druck: CPI books GmbH, Ulm

MAMBO KURT

HEIMORGEL to Heaven

NEUE GESCHICHTEN
AUS MEINEM WILDEN LEBEN
ALS ALLEINUNTERHALTER

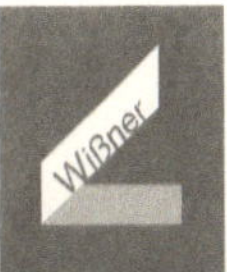

INHALT

Einleitung

1

Unfassbar. Dieses Buch ist tatsächlich schon meine zweite Autobiografie. Meine erste erschien im Jahr 2014 und die Story endete mit den Gesangseinlagen meiner Mutter auf meiner CD »Sun of a beach« (2004). Überhaupt drehte sich im ersten Buch sehr viel um meine Mutter. Deshalb könnten die geneigte Leserin oder der geneigte Leser denken, dass ich ebenso ein Muttersöhnchen sei wie viele andere große männliche Künstler (womit ich auf keinen Fall implizieren will, dass ich ein großer – also mainstreamiger – Künstler sei). Aber von *Bushido* und Elvis ist ja bekannt, dass die beiden ein sehr schlechtes bis überhaupt kein Verhältnis zu ihrem Vater hatten. Nun gut, mein Vater war für mich als Kind zwar die deutlich unwichtigere Person in der Familie im Vergleich zu meiner Mutter. Doch das lag nur daran, dass mein Vater so schlau war, die Kindererziehung zu 100 Prozent in die Hände meiner Mutter zu legen. Mein Vater hat das Geld verdient und sich ansonsten einen Dreck um die Erziehung seiner Söhne gekümmert. Ich fand das damals eigentlich ziemlich cool. Überhaupt war mein Vater Zeit seines Lebens nicht so »Body«, sondern mehr so »Brain«. Er hat niemals irgendwelche Körperlichkeit zugelassen. Auf der Beerdigung meiner Mutter 2011 eskalierte die Situation. Natürlich war mein Vater (wie wir alle) traurig über den Tod seiner Frau, aber wirklich fertig gemacht hat ihn die Tatsache, dass ihn plötzlich alle Nachbarinnen in den Arm genommen haben. Papa sagte zu mir nach Beendigung der Trauerfeier auf dem Parkplatz: »Rainer, ich komme damit nicht klar. Die haben mich alle in den Arm genommen. Was wollten die von mir?« Und dabei war Vater leichenblass vor Stress.

Der eigentliche Grund, warum meine erste Autobiografie meinen Vater ziemlich links liegen gelassen hat, ist ein ganz profaner. Der damalige Verlag wollte im Vorfeld einen Zeitstrahl haben, auf dem alle Ereignisse meines Lebens bis zur damaligen Gegenwart (also 2014) verzeichnet waren. Dann hat der Verlag einfach gesagt: »Mambo, du schreibst das Buch bis zur Gesangsperformance deiner Mutter im Jahre 2004.« Deswegen gab es in meiner ersten Autobiografie überhaupt keine Geschichten zu meiner Diabeteserkrankung (apropos: Immer, wenn ich Diabetes sage, meine ich damit Diabetes Typ 2), zu meinem Sieg über meine Diabeteserkrankung, meiner Arbeit beim SWR-Fernsehen, zum jährlichen Overkill als Resident-Heimorgler auf dem *Wacken Open Air*, zu den Heavy-Metal-Kreuzfahrten oder zu der wahnsinnigsten Karnevalsveranstaltung aller Zeiten: dem *Karnevalsport*.

Und deswegen hältst du jetzt »Heimorgel to Heaven« in deinen Händen.

Mein Name ist Kurt, Mambo Kurt 2

Ich nehme an, dass die meisten von euch bereits meine erste Autobiografie gelesen haben. Aber klar ist das natürlich nicht. Daher haue ich zur Sicherheit nochmal ein paar Fakten über meine Person raus.

Mein Name ist Mambo Kurt. Ja, dieser Name steht tatsächlich so in meinem Personalausweis. Denn ich bin Musiker, also Künstler. Und Künstler dürfen in Deutschland einen Künstlernamen in den Personalausweis eintragen lassen. Natürlich nur, wenn sie ein bisschen berühmt, in der Künstlersozialkasse versichert sind und irgendwelche künstlerischen Werke vorlegen können. Das Prozedere mit dem Personalausweis sieht nämlich so aus, dass der Künstler im Einwohnermeldeamt mit all diesen Unterlagen vorstellig wird. Dann googelt der Sachbearbeiter im Internet und entscheidet, ob der Künstlername eingetragen werden darf oder nicht.

Bei mir persönlich sah diese Situation so aus: Der Sachbearbeiter ergoogelte 945387 Einträge zu *Mambo Kurt*, blickte vom Bildschirm zu mir hoch und fragte: »Das sind Sie?« Ich bejahte und setzte zur Sicherheit noch meine mitgebrachte gelbe Sonnenbrille auf. Der Sachbearbeiter antwortete daraufhin mit: »Ok, das können wir schon machen … Aber ich kenne Sie nicht!«

Ich heiße Mambo Kurt, weil ich Ende der 1990er-Jahre mit einer Heimorgel die Bühnen des Ruhrgebiets geentert habe. Ich spiele auf einer Heimorgel Coverversionen berühmter Songs. Dazu singe ich mehr schlecht als recht und habe einen hellbeigen Anzug an. Was ich so auf der Bühne präsentiere – dahinter steckt kein großer Plan, ich bin da einfach reingerutscht. Aber seit dem 1.1.1999 verdiene ich damit mein Geld. Ich war die Studioband in der RTL-Sendung »Veronas Welt« mit Verona Pooth (damals Feldbusch). Ich habe zig CDs veröffentlicht, toure durch ganz Europa und gebe Konzerte.

Witzig ist, dass ich zudem ein voll approbierter Arzt bin. Dazu noch mit Doktortitel. Dr. med. Rainer Limpinsel. Bis Ende 1998 habe ich als Arzt im Krankenhaus mein Geld verdient. Doch besagtes Engagement bei RTL änderte 1999 mein Leben. Damals bekam ich auch sofort einen Major-Deal bei einer großen Plattenfirma. Und so was hieß im Jahr 1999 noch, dass man mit Geld zugeschüttet wurde. Eigentlich wollte ich Chirurg werden. Ich musste jedoch sehr schnell einsehen, dass ich im deutschen Krankenhausalltag unglücklich geworden wäre. Außerdem kann ich kein Blut sehen. Das allerdings wollte ich als junger Mann nicht wahrhaben. Aber ich bin definitiv zu sensibel, um Menschen aufzuschneiden. Ich sehe die Sache eher positiv, jetzt heile ich eben mit Musik.

3

Die Ruhe nach dem Sturm

Die Jahre 1999 und 2000 vergingen wie im Rausch. Damit meine ich jetzt nicht den Drogenrausch, denn ich konsumiere keine Drogen. Damit meine ich den Rausch, viel Geld zu verdienen, viel in den Medien präsent zu sein und viele Konzerte zu geben. Details dazu stehen in meiner ersten Autobiografie. Doch Deutschland war damals einfach noch nicht bereit für Mambo Kurt. Die Plattenfirma hat bei weitem nicht so viele CDs mit mir verkaufen können, dass sie auch nur ansatzweise die Kosten meines üppigen Vorschusses wieder einspielen konnte. Verona Feldbusch hat sich nach der Sendung auch rar gemacht, Kinder bekommen und lieber jahrelang die Yellow Press unsicher gemacht. Kurzum, im Jahr 2002 wurde es deutlich ruhiger um Mambo Kurt. Geldsorgen hatte ich trotzdem keine, denn meine Buchungen in kleinen Musikclubs und auf Indie-Festivals liefen einfach weiter. Aber ich hatte plötzlich fünf Tage in der Woche frei. Meine Frau fand diesen Zustand natürlich super und freute sich, dass ich plötzlich wieder zu Hause war. Dann sprach sie Ende April 2002 sehr lässig sehr folgenschwere Worte aus: »Ich habe ja bald Geburtstag, aber das, was ich mir wirklich wünsche, kriege ich sowieso nicht!«

Da gehen natürlich bei jedem Mann die Alarmglocken an. Ich hatte keine andere Chance als zu antworten: »Schatz, was möchtest du denn?« – »Ich möchte, dass du mit mir einen Tangokurs besuchst.«

Nun muss man wissen, dass sehr viele Musiker absolute Nicht-Tänzer sind. Genau so ein Exemplar bin ich auch. Aber es half nichts, ich musste mit meiner Frau zum Tango. Diese Tango-Erfahrung war für mich ein wahrhaft traumatisches Ereignis. Ich habe sie sogar in einem Drehbuch verarbeitet. Der Plot des Drehbuchs geht wie folgt: Eine deutsche Ehefrau verliebt sich in ihren argentinischen Tangolehrer und brennt mit diesem durch nach Buenos Aires. Der deutsche Ehemann fliegt hinterher, um die beiden umzubringen. In Buenos Aires angekommen mietet sich der Ehemann in einem schäbigen Hochhaus ein. Kurze Zeit später verlieben sich mehrere argentinische Frauen in ihn, weil er als Hausmeister so gut handwerkliche Probleme beseitigen kann – halt typisch deutsch. Tangotanzen hingegen kann in Argentinien nun wirklich jeder, das lockt keine Dame hinter dem Ofen hervor. Der deutsche Ehemann lässt sich von seiner Ehefrau scheiden und heiratet eine argentinische Frau.

Was war passiert, dass ich die Idee zu diesem Drehbuch bekam? Nun, zum einen herrscht in der Tangoszene ein ganz schlimmes Kastensystem. Ich würde ja denken, dass man beim Tango denjenigen Menschen zum Tanzen auffordert, den man attraktiv findet. Aber so geht das im Tango nicht. Man muss sich sozusagen von Kaste zu Kaste hochtanzen. Selbst die attraktivste Frau würde von einem guten Tangotänzer missachtet werden, wenn sie zu schlecht Tango tanzt. Da meine Frau und ich mehrere Male den Anfängerkurs gebucht haben, kamen wir jedoch gar nicht in solche höheren Sphären.

Als Musiker war ich generell in der Lage, den Takt zu hören. Das war schon mal mein Alleinstellungsmerkmal in den Anfängerkursen. Denn alle anderen Männer waren generell schrecklich schwitzende Musik-Legastheniker. Die konnten locker auf den acht Achtelschlägen eines Taktes fünf, sieben oder elf Bewegungen ausführen. Noch dazu traten die Herren der Schöpfung den Damen gerne auf die Füße. Ich fühlte mich immer sehr gebauchpinselt, wenn ich an eine neue Tanzpartnerin geriet und diese im Brustton der Erleichterung seufzte: »Rainer, wie schön, dass du jetzt dran bist.« (Ich muss dazu erklären, dass in einer Tanzschule alle paar Minuten Partnerwechsel angesagt ist. Top down angeordnet von der Tanzlehrerin – keine Chance, nur mit seiner Frau zu tanzen).

Den Vogel abgeschossen haben allerdings Claudia und Michael. Claudia und Michael waren seit 40 Jahren zusammen und mittlerweile Anfang 60. Beide wirkten so, als hätten sie in grauer Vorzeit schon mal auf der *Startbahn West* oder in Wackersdorf demonstriert. Claudia hatte definitiv das Sagen in dieser Beziehung. Jetzt hatte Claudia beschlossen, dass Tangotanzen wieder ein bisschen frischen Wind auf das eheliche Laken zaubern würde. Das Problem war nun, dass man als Mann mit Claudia nur zwei Möglichkeiten hatte. Entweder man ließ sich von Claudia dorthin ziehen, wohin Claudia einen ziehen wollte. Oder man latschte Claudia auf die Füße. Denn Claudia hatte zu 0,000000 Prozent verinnerlicht, dass beim Tango der Mann führt. Die Tanzlehrerin hatte das natürlich sehr schnell durchschaut, und da ich prinzipiell ein gut führender Tango-Mann sein kann, kam es zu der absurden Situation, dass die Tanzlehrerin neben Claudia und mir herlief, wenn wir zufälligerweise zusammen tanzten. Dabei feuerte die Tanzlehrerin mich mit den Worten an: »Gib's ihr, Rainer, gib's ihr!«

Michael hingegen kam schon deolos und deutlich müffelnd bei der Tanzschule an. Er steigerte sich während der Stunde dann in einen Schweiß-Overkill hinein. Zudem tanzte er nicht ganz locker in den Knien (Parole »Schmidtchen Schleicher«), sondern stakste wie ein Storch im feuchten Wiesengrund umher, der auf der Suche nach Fröschen ist. Mehrfach ist es passiert, dass die Frauen mit einem hellen Angstschrei auf den Lippen quer durch den Raum gerannt sind, wenn Michael gedachte, beim Partnerwechsel bei ihnen zu enden.

Das alles bedeutete aber nicht das Ende meiner Karriere als Tangotänzer. Das Ende kam, als die Tanzlehrerin irgendwann sagte: »Liebe Frauen, ihr müsst den Männern ein bisschen Gegendruck geben, damit die Männer spüren, wie sie euch führen können.«

Irgendwann war diese Tanzstunde vorbei und meine Frau fragte mich, wie es denn heute für mich war, wie sie getanzt hätte und wie die anderen Damen so getanzt hätten. Und ich antwortete wahrheitsgemäß: »Also die anderen Damen sind um mich rumgeschwirrt wie ein Kolibri, und mit dir ist es so, als würde ich eine IKEA-Schrankwand in die Ecke drücken.« Daraufhin schmollte meine Frau und ist mit mir nie wieder zur Tanzstunde gegangen. Nach ungefähr zwölf Monaten Pause war ihr Verlangen nach Tango aber übermächtig und sie hat Solo-Tangostunden gebucht.

Mir ist es egal. Ich habe ihr damals gesagt: »Baby, ich bin bereit, jeden Preis zu zahlen, aber ich gehe nie wieder mit dir zu einer Tangostunde.« Seither geht meine Frau oft zum Tangotanzen und schwirrt mittlerweile natürlich auch wie ein Kolibri um ihre Tanzpartner herum. Sie bucht häufiger eine ganze Woche Tango-Hotel mit Vollpension an irgendwelchen schönen Orten in Europa – vorzugsweise in dem Zeitraum, in dem ich eine Woche in Wacken verschwinde.

Beim ersten Mal tut es noch weh

4

Wer mich kennt, der weiß, dass ich in Wacken spiele. Wacken (oder genauer gesagt das *Wacken Open Air* oder *W:O:A*) ist das größte Heavy-Metal-Festival auf diesem Planeten. 85000 Heavy-Metal-Fans mit Tickets fallen jedes Jahr in den kleinen Ort Wacken nördlich von Itzehoe ein. Dazu kommen sicherlich noch ein paar 10000 Leute, die einfach so ohne Ticket im Ort abhängen. Im Jahr 2004 hatte ich meinen allerersten Auftritt in Wacken, und ich denke, diese Autobiografie ist der perfekte Ort, um tatsächlich mal die Wahrheit zu sagen, warum ich das Maskottchen vom *W:O:A* geworden bin.

Seit meinen ersten Bühnenauftritten hatte ich immer eine starke Fanbase in der Heavy-Metal-Szene. Ich selbst war zwar nie ein Metalhead, aber ich habe immer harte Gitarrenmusik gemocht. Deswegen gab es schon auf meinem allerersten Demo-Tape haarsträubende Coverversionen von *Guns N' Roses, AC/DC* oder *Rage against the Machine*. Ebenso habe ich schon 1999 auf dem großen Heavy-Metal-Festival *With Full Force* bei Leipzig gespielt, auf der Hauptbühne vor 20000 Zuschauern. Ich hatte auf diesem Festival zudem einen kleineren Gig im VIP-Zelt. Bei diesem Auftritt hat mich Holger Hübner gesehen und gehört (Holger ist einer der beiden Chefs vom *W:O:A*, der andere Chef heißt Thomas Jensen). Holger fand vor allen Dingen meinen Gesang so unterirdisch, dass er zu meiner Orgel auf die Bühne kam und mir 100 DM auf die Orgel legte. Diese 100 DM würden mir gehören, wenn ich aufhören würde zu spielen – hat er gesagt. Natürlich habe ich nicht aufgehört zu spielen und meine Show durchgezogen. Irgendwie war Holger auch der Einzige im VIP-Bereich, den meine Performance störte. Er wurde dann tatsächlich von der Security aus dem Zelt geschmissen. Deswegen war in den folgenden Jahren natürlich nicht daran zu denken, dass ich irgendwann einmal auf dem *W:O:A* auftreten würde.

Wie ich bereits erwähnte, war ich damals im RTL-Fernsehen zu sehen und hatte einen sogenannten »Major Deal«. Mein Management war *KICK* in Köln. Damals eine der besten Adressen, wenn es um Musikmanagement ging. Chef von *KICK* war Goetz Elbershagen. Goetz hat Mediengeschichte damit geschrieben, dass er einen seiner Musiker zeitgleich auf jedes Titelblatt in Deutschland brachte. Das war Marius Müller Westernhagen. Seither sprechen sich *Stern, Spiegel, Süddeutsche, Bild* und Co. ab, was ihre Titelblätter angeht. Goetz war der Meinung, dass Mambo Kurt zwei Booking-Agenturen braucht, damit sie sich gegenseitig zu Höchstleistungen anstacheln. Eine Agentur kam aus Krefeld (*paceagency*) und die andere war *CLK* aus dem hohen Norden. Mein Mann bei *CLK* war Enno. Er machte sich kurz darauf selbstständig und bat mich, dass ich als Künstler bei seiner neuen Booking-Agentur *enorm* unterkommen sollte. Ich habe Ennos Wunsch entsprochen. Um den Jahreswechsel 2003/2004 hatte Enno keinen Bock mehr auf seine Selbstständigkeit, die mittlerweile auch einen Musikverlag umfasste. So ist er mit *enorm* in den Orbit des Wacken-Universums eingetaucht und hat im Frühjahr 2004 Holger Hübner belabert, dass Mambo Kurt unbedingt mal auf dem Wacken spielen müsste, weil das gut passen würde. Holger war erwartungsgemäß nicht angetan von dieser Idee. Letzten Endes ließ er sich aber doch überreden, allerdings war er absolut nicht bereit, die Gage zu zahlen, die Enno forderte. Holger schlug daraufhin ein Elfmeterschießen vor: »Sechs Schüsse aufs Tor und Holger ist der Torwart!« Pro Tor hätte es 1000 Euro gegeben. Enno hat nicht einen Ball rein bekommen. Denn was Enno nicht wusste: Holger Hübner war in jungen Jahren semiprofessioneller Fußball-Torwart im Verein. Das konnte man 2004 kaum glauben, denn Holger war damals massiv übergewichtig. Mittlerweile hat er ja extrem abgespeckt. Diese Geschichte mit seinem Gewicht muss Holger euch aber selbst erzählen. Ich schreibe hier bezüglich seiner Silhouette nur das auf, was ihr ebenso in der *Bild*-Zeitung habt lesen können.

So kam es, dass ich im Sommer 2004 zum ersten Mal auf dem *W:O:A* gespielt habe. Holger hatte mir eine ganz kleine Bühne gegeben, die zudem noch direkt am Dixie-Klo-Park lag. Dort hätten vielleicht 250–300 Menschen in Ruhe meine Show anschauen können. Security gab es auch keine. Absperrgitter vor der Bühne sowieso nicht. Aber weil ich eben in der Metalszene relativ bekannt war, wollten sich ungefähr 2500 Menschen meine Show anschauen. Die Party war legendär, manche Metalheads sind die Lichtmasten der Bühne hochgeklettert, um von dort oben Crowdsurfing zu machen. Ihr könnt euch das Ganze heute noch bei YouTube angucken. Enno hat mir im Nachhinein erzählt, dass Holger diese ganze Szenerie auf seinen Überwachungsmonitoren im Produktionsbüro gesehen hat. Holger hätte damals rumgeschrien: »Was ist da los? Warum ist da so ein Alarm?« – »Das ist Mambo Kurt.« – »Warum ist da keine Security?« – »Weil du gesagt hast, dass das sowieso nicht funktioniert und wir da keine Security brauchen!«

Nach ungefähr 15 Minuten Showtime tauchten dann acht der stärksten Security-Männer vor meiner Bühne auf und das Party-Armaggedon beruhigte sich etwas.

Im Jahr 2005 haben mich Holger und Thomas auf der großen WET-Bühne zur Primetime spielen lassen, vor etwa 5000 Menschen. Beide standen die kompletten 60 Minuten meiner Show mit verschränkten Armen vor der Brust oben auf der Bühne und haben sich alles angeschaut. Als die Party vorüber war, haben sie mir auf die Schulter geklopft und wortwörtlich gesagt: »Mambo, du musst jetzt hier spielen, bis du stirbst.«

5

PISSRINNE – THE PLACE TO BE

Im Jahr 2006 fand die Fußball-WM bekanntermaßen in Deutschland statt. Ich hatte mittlerweile eine Plattenfirma aus Hamburg. Kleine Anmerkung: Ich hatte den Plattenboss 2005 beim Pinkeln im VIP-Bereich des *With Full Force* getroffen. Er sagte: »Ich habe gerade deine Show gesehen. War cool. Hier hast du meine Karte, ruf mich am Montag mal an.« Als ich dann am Montag tatsächlich anrief, war der Plattenboss wieder nüchtern und einigermaßen überrascht: »Ja wie, du rufst ja wirklich an!« Er hat aber tatsächlich Wort gehalten und eine CD mit mir veröffentlicht, nämlich »Organized Crime« (2005). Auf dem damaligen Cover wog ich gut und gerne 35 Kilo mehr als heute, doch später mehr dazu …

Im Vorfeld der WM habe ich mir natürlich meine Gedanken gemacht, dass Mambo Kurt irgendwie eine WM-Single rausbringen muss.

Mein Smash-Hit war der Schunkelwalzer »Lieber Jürgen Kliiiiiiiiiiiinsmann (wir wollen Weltmeister sein)«. Aber es gab auch noch den Mallorca-Schlager »www.eltmeister« und die Samba »Wir sind Europas Brasilianer«. Meine Hamburger Plattenfirma ließ sich zur Veröffentlichung einer EP mit fünf Songs überreden. Große Hoffnungen auf irgendein Medienspektakel hatte ich natürlich nicht, aber wer weiß, vielleicht war das die letzte WM in Deutschland, die ich je erleben konnte.

Ungefähr zeitgleich kam Joris – der Vorsitzende eines holländischen Mambo-Kurt-Fanclubs – auf die Idee, dass ich ein Medley mit holländischen Fußball-Songs auf den Markt bringen soll. Natürlich habe ich meinem Freund Joris entsprochen. Joris hatte irgendwie Kontakte in die holländische Medienlandschaft und hat dieses Lied in Holland promotet, obwohl wir überhaupt keine Single zum Verkaufen hatten. Ich habe auf diesem holländischen Medley natürlich Holländisch gesungen. Das Problem war nur, dass ich überhaupt kein Holländisch kann. Aber ich hatte eine gute alte Freundin, deren Mutter Holländerin war, und die deswegen fließend Holländisch konnte. Also habe ich mit ihrer Hilfe an einem Nachmittag die Vocals aufgenommen. Die Holländer sind ziemlich steil auf diesen Song gegangen. Sie fanden es vor allen Dingen sehr charmant, dass ich mit fürchterlichem deutschem Akzent ihre heiligen holländischen Fußball-Songs gesungen habe. In den Wochen vor der WM habe ich in so ziemlich jeder holländischen Fernsehshow gesessen und mein Konterfei fand sich so gut wie auf jedem holländischen Magazin wieder.

Demgegenüber plätscherte die deutsche Single eher schlecht als recht. Doch ein Mitarbeiter meiner Hamburger Plattenfirma schien ein eingefleischter Junggeselle zu sein und kannte wiederum einen anderen eingefleischten Junggesellen, der bei der ARD arbeitete. Er hat es tatsächlich geschafft, dass die ARD uns zu einem Vorstellungsgespräch einlud. Die Sache endete dann so, dass die ARD mich als Fanbeauftragten der Holländer vor das Stadion setzte, wenn Holland gespielt hat. So habe ich tatsächlich zwei Spiele der holländischen Nationalmannschaft live sehen können, denn kurz zuvor stand ich mit meiner Heimorgel vor dem Stadion und habe »Hup Holland Hup« gespielt.

Ein Spiel war in Stuttgart und das andere in Berlin. Beide Spiele waren grottenlangweilig. Ich bin nicht so der Fußballfan und war noch nie im Stadion bis zu diesem Moment. Ich muss sagen, dass es zu Hause auf dem Sofa mit HD und Zeitlupe ein schöneres Erlebnis ist als im Stadion selbst. Wenigstens bei diesen beiden Spielen. Das Gekicke erinnerte mich eher an Siebtklässler auf dem Schulhof. Witzig war aber, dass die ARD mich und meine Orgel in Berlin mit einer Piaggio Ape 50 durch das Brandenburger Tor kutschiert hat. Ich saß oben auf der Ladefläche und der zuständige Redakteur hat das Dreirad gefahren. Diese Aktion war natürlich ein Blickfang, und so dauerte es nicht lange, bis ich ein brasilianisches Fernsehteam an den Hacken hatte. Die wollten unbedingt, dass ich »Girl from Ipanema« als deutschen Marsch spiele. Es hätte also alles so schön sein können, der Beginn einer wunderbaren (wenn auch sieben Jahre verspäteten) Fernsehkarriere des Mambo Kurt. Leider nahm das Schicksal eine andere Wendung. Denn irgendein wichtiger Mensch aus der Chefetage der ARD hat diese Sendung gesehen und befunden, dass ich zu wenig Mainstream sei. Außerdem sei meine Orgel zerkratzt.

Am nächsten Tag war ich meinen Job als Vorsitzender der deutsch-holländischen Fußball-Freundschaft los.

Wie Flops des Mambo Kurt

6

Dieser Verlust des Engagements bei der ARD war aber keineswegs der einzige Flop, den ich in meiner Karriere hinnehmen musste. Und ich rede hier explizit nicht von den Mitarbeitern der Plattenfirmen, die immer in irgendwelchen Wolkenkuckucksheimen leben (in Musikerkreisen sagt man »Koks-Träume« dazu): Mir wurden zum Beispiel Duette mit Iggy Pop, Paul Kuhn und Udo Lindenberg in Aussicht gestellt. Nein, ich meine mit Flops kleine, aber wichtige Fehlentscheidungen meinerseits oder winzige Schicksalsschläge, die tatsächlich negative Auswirkungen auf meine Karriere hatten.

So stand nach einer Show im Jahr 1998, als ich noch überhaupt nicht bekannt war und mehr oder weniger ohne Bezahlung in irgendwelchen Musikclubs des Ruhrgebiets gespielt habe, Florian Schneider vor mir. Florian Schneider war einer der Mitglieder von *Kraftwerk*. Wer *Kraftwerk* nicht kennt, der braucht dieses Buch gar nicht weiter zu lesen. Auf jeden Fall hat Florian Schneider mir nach meiner Show ein Bier ausgegeben und mich gelobt, dass ich gut Heimorgel spielen könne. Seit diesem Moment ist mir übrigens wirklich alles schnurzegal, was die Medien oder das Publikum von mir halten. Denn wenn Florian Schneider ohne die Zuhilfenahme der Gästeliste in deine Show kommt, 12 DM Eintritt bezahlt, dir sogar noch ein Bier ausgibt und dich wegen deines Orgelspiels lobt, dann kannst du es als Keyboarder nicht mehr weiter hinaufschaffen. Am Ende gab mir Florian noch die Adresse der amerikanischen Booking-Agentur von *Kraftwerk* in Los Angeles. Ich solle da mal meine Unterlagen hinschicken. Das habe ich auch getan. Aber ich Trottel habe vergessen, die Amis schön von Florian Schneider zu grüßen. Gehört habe ich aus Los Angeles dann gar nichts.

Für meine zweite CD bei meiner *Major*-Plattenfirma war der Etat doppelt so hoch wie bei der ersten. Da das Ganze jetzt fast 25 Jahre her ist und es die Plattenfirma gar nicht mehr gibt, darf ich an dieser Stelle ausplaudern, dass ich 200000 DM Vorschuss bekommen habe. Im Jahr 2000 waren die MP3s noch nicht verbreitet, und es gab nur eine Betätigung, mit der man genauso viel Geld scheffeln konnte wie mit dem Verkauf von CDs: Das war der Drogenhandel. Die Plattenfirmen haben damals mit Geld um sich geworfen, davon kann man heute nur träumen. Und bevor ihr jetzt auf die Idee kommt, mir Bettelbriefe zu schreiben, muss ich euch den Zahn ziehen, dass von diesem schönen Batzen Geld der größte Teil in meinen Taschen gelandet ist. Erst mal zieht sich das Management 15 Prozent ab. Dann sagen dir die Plattenfirma und das Management klipp und klar, in welchem Studio und mit welchem Produzent du die Platte machen sollst. In meinem Fall war danach schon mal über die Hälfte des Geldes weg. Und von dem verbleibenden Betrag nimmt sich das Finanzamt bekanntlich nochmal die

Hälfte. Das alles wäre kein Problem gewesen, wenn meine zweite Platte wenigstens richtig cool geworden wäre. Ist sie aber leider nicht. Der damalige Produzent hatte tatsächlich einen guten Namen in der Rockbranche. Dummerweise war ich keine fünfköpfige Band mit einem akustischen Schlagzeug und Gitarrenverstärkern, die zig Mikrofone benötigen. Bei mir kommt aller Sound aus dem Kopfhörerausgang. In Mono. Noch dazu ist die Orgel elektrisch so konstruiert, dass oberhalb von 7000 Hz überhaupt kein Signal ausgesendet wird. Denn sonst hätte die Orgel mit der damaligen Verstärkertechnik zu sehr gerauscht. Der Produzent gedachte mit der Arbeit an meiner CD zwei Dinge zu erledigen: Zum einen, sich den kleinstmöglichen sechsstelligen Geldbetrag einzustecken, und zum anderen, erstmalig in seinem Leben mit einem digitalen Recordingtool, also einem Computer, zu arbeiten und auf seine riesige Mehrspur-Tonbandmaschine zu verzichten. Ich selbst hatte damals überhaupt keine Ahnung von Computertechnik. Aber heute weiß ich, dass wir diese Platte in drei Tagen hätten aufnehmen können. Wir haben allerdings drei Wochen dafür gebraucht. Alles nur, weil der Produzent keine Ahnung hatte, wie man mit einer Digital-Audio-Workstation (DAW) und einem Computer umgeht. Die ganze Platte klingt zudem scheiße und ich habe sie seit dem Jahr 2001 nie wieder angehört. Vollkommene Absurdität erlangte diese ganze Situation um die zweite CD dann durch das sogenannte »Mastern«. Das Mastern ist der letzte Schritt bei der Produktion von Audiomaterial. Die Songs kommen fertig abgemischt aus dem Studio, aber es fehlt noch der letzte Schliff. Nach einem guten Mastering-Vorgang »atmen« die

Songs, sind fluffig und bekommen viel »Headroom« obenrum in den Frequenzen. Heutzutage kann jedes Musikprogramm das Mastern kostenfrei und idiotensicher erledigen. Damals musste man für das Mastern viel Geld bezahlen. Schickte man sein Audiomaterial zum Godfather of Mastering nach New York, löhnte man dafür 20000 DM. Ging es nach London, waren 10000 DM fällig. Und der beste Mann in München berechnete 5000 DM dafür. Meine Plattenfirma hat das Mastern in München erledigen lassen. Als alles fertig war, hat meine Plattenfirma meinen Manager und mich nach München einfliegen lassen, um die fertig gemasterte CD in einer Art religiöser Ersatzhandlung im Büro des Plattenbosses anzuhören. Mein Manager und ich lümmelten uns in die riesigen Ledersofas und der Praktikant des Plattenbosses legte die gemasterte CD in die ungefähr 70000 DM teure Stereoanlage ein. Wir hörten die Hälfte des ersten Songs und sprangen dann noch kreuz und quer durch die ganze CD, ohne uns die jeweiligen Songs vollkommen anzuhören. Tiefste Ergriffenheit stellte sich bei allen im Raum ein – außer bei mir. Irgendwie klang diese CD genauso wie alles, was ich zuvor schon im Studio gehört hatte. Kurze Zeit später entdeckte ich auf dem Schreibtisch des Plattenbosses eine weitere CD. Es war ein ganz normaler selbstgebrannter CD-Rohling mit der handschriftlichen Markierung »MK gemastert«. Ich machte die Anwesenden im Büro des Chefs darauf aufmerksam, dass dort eine CD liegen würde und ob die handschriftliche Markierung denn bedeuten könne, dass dies meine gemasterte CD sei. Der Praktikant wurde in dieser Sekunde krebsrot im Gesicht und hätte sich am liebsten aus dem Fenster gestürzt. Denn ja, er hatte die falsche (ungemasterte) CD eingelegt. Also wurden die CDs getauscht und das ganze Prozedere begann von vorn. Das Problem war nun, dass wir überhaupt gar keinen Unterschied zwischen den beiden CDs feststellen konnten. Das wiederum war für mich kein Wunder, denn bekanntlich gibt es bei meiner Heimorgel kein Signal oberhalb von 7000 Hz. All die teuren Mastering-Tools konnten nur versagen, denn wo nichts ist, da kann auch die teuerste Maschine keinen Headroom hinzaubern.

Im Jahr 2002 war ich der Meinung, dass ich nun als Coversong-spielender Heimorgler deutschlandweit bekannt sein müsste und es Zeit für etwas Neues wäre. Diese Annahme war natürlich völliger Quatsch. Denn mittlerweile stehe ich weitere 22 Jahre lang auf unzähligen Bühnen pro Jahr. Kennen tut mich immer noch (fast) keiner. Doch damals hatte ich auch Lust, eigene Songs zu schreiben. Aber wenn ich ganz alleine an eigenen Songs schreibe, dann besteht immer die große Gefahr, dass ich mich maximal auf das songschreiberische Niveau eines Stefan Raab hochjazzen würde. Ist mir jedoch zu wenig. Also beschloss ich, mit einer befreundeten Sängerin und einem befreundeten Gitarristen eigene Songs zu schreiben. Da ich weiß, wie wichtig die Optik auf der Bühne ist, wollte ich eine riesige weiße Showorgel aus dem Jahr 1970 zum Mittelpunkt der Band machen. Die Orgel verfügte zudem über zwei kühlschrankgroße Boxen rechts und links. In diesen Boxen befanden sich drehende Lautsprecher. Das Ganze sah schon ziemlich spacig aus, eine Showorgel der 70er halt. Mit der weißen Orgel war klar, dass alles an uns weiß sein musste. Ich dachte damals wirklich, ich hätte das weiße Outfit neu erfunden, bis ich Jahre später alte Aufnahmen von *Abba* auf ihren Tourneen gesehen habe. *Abba* waren in den 70ern auch mit komplett weißem Outfit unterwegs und sangen damals ebenfalls in weiße Mikrofone. Bestimmt haben sie die Mikros direkt beim Hersteller so bestellt. Ich habe damals in mühevoller Kleinarbeit ein Mikrofon mit weißer Farbe bemalt.

Ich bin mit meiner Band in den Jahren 2004 und 2005 auf Tour gegangen. Es war eine schöne Erfahrung und es hat Spaß gemacht. Vor allem weiß ich seit dieser Zeit, dass das Touren im Musikgeschäft nur auf zwei Arten richtig Sinn macht. Entweder du bist ein absoluter Superstar in der Kategorie eines Robbie Williams, einer *Madonna* oder der Band *Coldplay*. Dann brauchst du dich um absolut nichts zu kümmern, stellst dich abends auf deine perfekt ausgeleuchtete wie eingerichtete Bühne und ziehst für 90 Minuten dein Programm durch. Den Rest des Tages kannst du Sightseeing machen. Oder du machst es wie ein Alleinunterhalter mit einer Heimorgel: Du kommst 15 Minuten vor der Show zur Bühne, stellst eine Heimorgel auf eben diese, steckst ein einzelnes Audiokabel ins Mischpult und beginnst deine Show. Den Rest des Tages kannst du Sightseeing machen. Auf beide geschilderten Arten hält der Musiker die sogenannte »unbezahlte Netto-Musikerzeit« so gering wie möglich. Aber wenn du nur so mittelschwer im Geschäft bist und deine Brocken selbst auf die Bühne schleppen und vier Stunden vor der Show noch einen Soundcheck machen musst, dann zerschlägt dir das ja den ganzen Tag. Außerdem ist mir das schlicht und ergreifend zu viel Arbeit. Deswegen war ich nicht besonders traurig, als diese Kapelle mit der weißen Heimorgel vollkommen gefloppt ist. Die Heimorgel selbst war übrigens auch eine absolute Katastrophe. Denn sie sah ungefähr aus wie ein riesiges Stück weißer Seife auf Stelzen. Man fand überhaupt keine Kante zum Anheben. Allerdings wog das Stück Seife über 200 Kilo. Das war wirklich ein Kraftakt, wir konnten gar nicht so viel Bier trinken, wie wir durch das Schleppen wieder an Kalorien verbraucht haben. Die Orgel habe ich einige Zeit später an das Orgelmuseum in Klagenfurt verschenkt. Dort müsste sie bis zum heutigen Tage stehen.

Auch der Mainstream hatte immer so seine Probleme mit Mambo Kurt. Bei allen Radiosendern und Fernsehstationen gibt es nämlich einerseits die Redaktion, in der generell die hippen und aufgeschlossenen jungen Menschen arbeiten. Bei denen hatte ich eigentlich über all die Jahre immer einen Stein im Brett. Doch du kannst dir einfach nicht vorstellen, wie viele TV-Berichte über mich abgedreht worden sind, die dann aber nie den Weg in die Öffentlichkeit fanden. Die Entschuldigung der Redaktion war immer gleich: »Mambo, wir finden dich super, aber das kriegen wir unserem Publikum nicht verkauft.« Denn am Ende gibt es andererseits den Mainstream-Beauftragten im Studio. Und der entscheidet, ob irgendein Material gesendet wird oder nicht. Deswegen gab es für mich auch nur einen einzelnen Einsatz bei RTL *Stern TV*, obwohl ein Dutzend Sendungen angedacht waren. Ich sollte bei *Stern TV* für Tanzschüler Musik machen und die sollten dazu tanzen. Die Redaktion wollte, dass ich absichtlich meine subversiven Versionen spiele. Allerdings fand die Chefin der Tanzschule – ihres Zeichens ein älterer

Tanzroboter mit lilafarbenen Betonhaaren – meine Rhythmen so scheiße, dass sie sich bei besagtem Mainstream-Beauftragten beschwerte. Zack, flog ich aus der Sendung.

Und manchmal ist es auch einfach das Schicksal, das einem einen Strich durch die Rechnung macht. Als im Jahr 2014 meine erste Autobiografie auf den Markt kam, hatte der damalige Verlag mir tatsächlich einen Slot in der Talkshow von Markus Lanz besorgt. Casting, Vorgespräch, mögliche Interviewfragen – alles war in trockenen Tüchern. Mit mir zusammen war der große James Last eingeladen. Wahrscheinlich nur, weil James genauso gerne wie ich helle Anzüge getragen hat. Dummerweise ist James Last genau fünf Tage vor der Aufzeichnung der Sendung verstorben. Deswegen habe ich es bis heute nicht zum Lanz geschafft.

Die Frau im Ketten-Bikini und die vier Hornissen-Monster

7

Im Sommer 2006 habe ich zum dritten Mal in Wacken gespielt. Jedes Mal war es eine super Party und meine Zuschauerzahl wuchs ständig. In allen drei Jahren war eine für mein Dafürhalten äußerst attraktive junge Frau im Publikum, die direkt vor der Bühne tanzte. Diese Dame hatte einen Ketten-Bikini an. Der Bikini war also aus so einem Metallgeflecht, aus dem die Ritter im Mittelalter auch ihre Unterziehhemden geflochten hatten. Ich fand diese Dame wirklich ganz toll. Ich habe sie bei der Show auf die Bühne geholt und sie gefragt, ob sie mich heiraten will. Sie hat sogar »ja« gesagt. Aber natürlich ist sie nach der Show dann einfach mit ihren Freunden weitergezogen. Nun gut, ganz ernst hatte ich es auch nicht gemeint, doch auch nicht bloß im Spaß. Denn ich war mittlerweile 39 Jahre alt und meine Freundin und ich hatten keine Kinder bekommen. Das ist ja nun ein sehr persönliches Thema, aber wo sonst als in seiner Autobiografie sollte man über so etwas sprechen. Ja, wir wollten Kinder haben, doch wir haben bis zum heutigen Tage keine bekommen. Jetzt sind wir beide 57 Jahre alt und damit ist der Drops ja nun gelutscht. Aber damals hatte ich tatsächlich eine Phase, in der mein Unterbewusstsein so gut wie jede Frau bespermen wollte, die mir näher als zwei Meter kam. Ich habe mir damals sogar ein paar Stunden bei einem Psychotherapeuten gebucht. Und er sagte zu mir: »So ein Verhalten gibt es normalerweise nur bei Frauen mit Torschlusspanik.« Gemerkt haben die Damen in meiner Umgebung übrigens nichts davon – natürlich war mir klar, dass ich nicht jede junge Frau anspringen konnte wegen meines Kinderwunsches. Und um das hier mal ganz klar zu sagen: Selbstverständlich haben meine Freundin und ich uns untersuchen lassen, ob wir überhaupt zeugungsfähig sind. Ja, wir sind bzw. wir waren es. Wir beide haben uns übrigens in vollem Bewusstsein gegen irgendwelche künstlichen Befruchtungen entschieden. Wir kennen zu viele Horrorgeschichten von Pärchen, die mehr als 40000 Euro in irgendwelchen spanischen Befruchtungskliniken gelassen haben und es am Ende nur bis zur achten Fehlgeburt geschafft haben. Dann lieber keine Kinder. In einem späteren Kapitel werde ich noch darauf zu sprechen kommen, dass höchstwahrscheinlich mein Diabetes der Grund für die Kinderlosigkeit in meiner Beziehung ist bzw. war. Denn hoher Blutzucker (also Diabetes) schlägt auf die Zeugungsfähigkeit. Aber die Sache mit dem unerfüllten Kinderwunsch hat mich wohl mehr gestresst, als ich mir das damals eingestanden habe.

Dazu gab es noch all den ganz normalen Stress durch all den ganz normalen Wahnsinn im Musikgeschäft. Die endlosen Autofahrten! Obwohl ich bis heute ein begeisterter Autofahrer bin, ist Autofahren trotzdem auch immer irgendwie Stress. Und dann können natürlich noch so kleine Stressauslöser hinzukommen, wie bei besagtem *W:O:A* 2006. In

Wacken gibt es nämlich keine Hotels. Deswegen werden die Künstler entweder nach Itzehoe geshuttelt oder sogar bis Hamburg, wenn sie berühmter sind. Da wiederum hatte ich überhaupt keinen Bock drauf, und ich habe Holger Hübner gefragt, ob er mich nicht irgendwo privat unterbringen kann. Holger meinte, dies sei kein Problem und ich könne mir im Gasthof zur Post einen Schlüssel für eine Jagdhütte im Wald abholen. In der Jagdhütte würde es vier Zimmer geben und eines davon wäre jetzt für mich reserviert. Ich fuhr zum Gasthof zur Post, holte meinen Schlüssel ab und zuckelte mit meinem Auto zur Jagdhütte. Ich schloss mein Zimmer auf und im Bett lag eine junge Blondine. Sie schlief und schien ziemlich starke Nerven zu haben. Denn als sie durch das Licht, das ich angeschaltet hatte, aufgeweckt wurde, kam von ihr nur ein »hmmmm, wassloss???«. Ich sagte: »Oh sorry, falscher Schlüssel«, und bin wieder gegangen. Also nochmal zurück zum Gasthof. Mein Stresspegel war mittlerweile deutlich angehoben. Ich hasse es, wenn ich nach einer Show nicht ratzfatz ins Hotelbett fallen kann. Deswegen steht in meiner Bühnenanweisung: »Der Veranstalter bezahlt Mambo Kurt dafür, dass er nach der Show mit seinem Bus auf einen garantierten Hotelparkplatz fährt und nach fünf Minuten im Hotelbett liegt. Im Gegenzug dafür spielt Mambo Kurt kostenlos Heimorgel für den Veranstalter!«

Mit dem zweiten ausgehändigten Schlüssel klappte dann alles völlig problemlos und ich fiel hundemüde ins Bett. Ich schlafe grundsätzlich bei offenem Fenster und musste mitten in der Nacht noch einmal zur Toilette. Also Licht an und raus aus dem Bett. Als ich zurück in mein Zimmer kam, kreisten vier dicke Hornissen um die Lampe über meinem Bett. Für einen De-facto-Großstädter wie mich waren das die ersten Hornissen im Leben. Nicht, dass ich in Panik verfallen wäre. Aber es war schon kurz davor. Was sollte ich tun? Ich wusste zu der Zeit nicht, dass Hornissen eine geschützte Spezies sind, und beschloss, ihr Leben zu terminieren. Deshalb nahm ich ein Handtuch und versuchte, die Hornissen zu erschlagen. Ich musste feststellen, dass das mit einem Handtuch ein Ding der Unmöglichkeit ist. Ich konnte die Insekten wie Boris Becker volley nehmen, die Hornissen knallten vor die Wand, verloren etwas an Flughöhe und brummten munter weiter um die Lampe. Nach einigen Minuten sah ich ein, dass man sich mit seinem Feind verbünden muss, wenn man ihn nicht besiegen kann. Glücklicherweise stellte sich heraus, dass die Hornissen sofort in eine Art Winterschlaf fielen, sobald ich das Licht im Zimmer ausknipste. Ich schlief nun mit den vier Monster-Hornissen im Zimmer mehr schlecht als recht ein. Damit war aber auch das Schicksal dieser Nacht besiegelt. Denn sobald die Sonne aufging, würden die Hornissen erwachen und wie blöde auf die Fensterscheibe knallen. Genauso ist es auch gekommen. Diese Nacht war bisher meine kürzeste und stressigste in Wacken. Und bitte glaubt mir: Es gab einige legendäre Partynächte …

Fernsehkarriere beim SWR

8

Sommer 2006. Der SWR ruft mich an. Genauer gesagt das SWR-Fernsehen. Am Apparat eine Redakteurin der SWR-Late-Night-Show, moderiert vom wunderbaren Pierre M. Krause. Man fragte mich, ob ich Lust hätte, in der nächsten Sendung mitzuwirken. Aufhänger des Ganzen wäre, dass Pierre von dem Projekt mit meiner weißen Orgel gehört hätte. Ich meinte daraufhin, dass die Band mit der weißen Orgel eigentlich gerade eine kleine Pause machen würde (in Wirklichkeit also total gefloppt und beerdigt war) und dass es vielleicht keinen Sinn machen würde, dafür Promotion zu machen. Die Redakteurin erwiderte, das sei kein Problem. Ich solle sowieso in meinem normalen Outfit als Mambo Kurt kommen. Außerdem solle ich meine übliche Heimorgel mitbringen. O.k., dachte ich mir, wenn die das so wollen, dann machst du das. Außerdem ist es ja immer nett, durch Einsätze im TV ein paar Euro zu verdienen. Denn beim Besuch in einer Fernsehshow bekommt man 500 bis 5000 Euro Gage gezahlt. 5000 Euro kriegen allerdings nur absolute Superstars, wenn die Sendung mit dem Besuch des Superstars ordentlich Werbung machen kann. Normalerweise liegt die Vergütung bei 500 bis 1000 Euro.

Ein Wolfgang Bosbach oder ein Wigald Boning könnte nur vom ständigen Rumsitzen in TV-Shows gut leben. Also habe ich mich im Sommer 2006 in meinen Opel Omega Kombi gesetzt und bin die 408 Kilometer nach Baden-Baden zur Aufzeichnung des SWR-Fernsehens gefahren. Die SWR-Late-Night-Show war so ein bisschen wie die Harald-Schmidt-Show, aber im Getto-Style. Zum einen gab es wie üblich den Late-Night-Moderator. In diesem Fall wie gesagt Pierre M. Krause. Zum anderen allerdings war das TV-Studio winzig klein. Und es gab keinerlei Sidekick, Publikum oder Studioband. Da hätte ich mir eigentlich schon denken können, warum Pierre M. Krause mich in seine Sendung eingeladen hat. Doch wie so oft in meinem Leben war ich einfach zu dumm, das sofort zu verstehen. Pierre kam dann zu einem kleinen Vorgespräch und meinte: »Wir reden ein bisschen über dein Band-Projekt mit der weißen Orgel und dann spielst du aber auch noch einen Song von *AC/DC*. Ganz normal als Mambo Kurt. Und könntest du während der ganzen Sendung an deiner Orgel sitzen und immer, wenn ich einen lustigen Gag mache, einen kleinen Jingle spielen? Und es gibt noch einen anderen Gast außer dir. Könntest du einen Song anspielen, wenn der Gast durch die Studiotür hereinkommt?«

Noch immer war mir nicht klar, dass mein Besuch im Studio de facto ein Casting für einen Job als Studioband in der SWR-Late-Night-Show war. Die Aufzeichnung an sich verlief ohne größere Probleme, ich fand Pierre lustig und Pierre fand meine musikalische Leistung vollkommen ausreichend. Danach ging es dann in die Sommerpause und ich habe mehrere Wochen lang nichts vom SWR gehört.

Im September 2006 rief mich besagte Redakteurin nochmal an und fragte mich, ob ich Lust hätte, die Studioband bei der SWR-Late-Night-Show mit Pierre M. Krause zu sein. Die Redaktion stelle sich das folgendermaßen vor: Drei Monate lang könnten sie mir gar keine Gage zahlen, außer den reinen Fahrt- und Hotelkosten. Dann würde es ein Gespräch mit den Entscheidungsträgern im SWR geben. Und dann würde höchstwahrscheinlich ein dauerhafter bezahlter Job daraus werden. Da ich damals keinerlei regelmäßige Einsätze im Fernsehen hatte, habe ich zu diesem Angebot »ja« gesagt. Somit bin ich ab dem Herbst 2006 alle zwei Wochen mit meinem Auto von Bochum bis Baden-Baden gefahren. Wir haben an einem Drehtag jeweils zwei Sendungen der SWR-Late-Night-Show aufgezeichnet. Zu Beginn haben wir immer meine eigene Orgel aus dem Auto gewuchtet und im Studio aufgebaut. Ich hatte auch meinen eigenen Anzug an. Irgendwann hat der SWR eine baugleiche Orgel gekauft und die Requisite hat mir mehrere 70er-Jahre Anzüge in meine Garderobe gehängt. Letzten Endes hatte ich das Vergnügen, volle elf Jahre lang mit Pierre M. Krause im Fernsehen auftauchen zu dürfen. Das ist länger, als die *Beatles* existierten. So bekannt geworden wie die *Beatles* bin ich durch diese Sendung leider nicht. Die Sendung lief all die Jahre auf einem schlechten Sendeplatz im dritten Fernsehprogramm des SWR. Mein Job im SWR war offiziell der Studiomusikant. Aber inoffiziell war ich dazu da, über die Witze von Pierre zu lachen. Denn man muss wissen, dass sich Pierre M. Krause in diesen Jahren dem Mainstream einfach verweigert hat. Wenn Pierre sein Feuerwerk an obskuren Witzen abgefeuert hat, dann konnte ich von meinem

Sitzplatz hinter der Orgel förmlich spüren, wie die Gags über die Köpfe der Zuschauer und Zuschauerinnen hinweg brandeten. Das Volk saß da und wollte gerne lachen, konnte es jedoch nicht, weil es die Witze einfach nicht so schnell verstanden hatte, wie Pierre sie raushaute. Ich hingegen habe mich immer beömmelt vor Lachen. Zugegebenermaßen waren manche Witze echt zotig, und dann habe ich halt auch nur gelacht, weil Pierre sich traute, so schlechte Witze rauszuhauen. Insgesamt war es aber eine total schöne Erfahrung, beim SWR in dieser Sendung zu sein, und dreimal bin ich sogar vor lauter Lachen von meinem Orgelhocker gefallen.

Ebenso augenöffnend war die Tatsache, dass ich hier mit einem ganz anderen Team und einem ganz anderen Moderator gearbeitet habe, als dies bei RTL und Verona der Fall war. Plötzlich war mein Moderator wirklich cool, schlagfertig und witzig. Du musst dazu wissen, dass sich Pierre in den ersten Jahren überhaupt keine Gags hat schreiben lassen und wirklich alles selbst produziert hat. Ebenso gab es beim SWR keine Verzögerungen im Zeitplan. Die Aufzeichnungen begannen pünktlich und endeten ebenso pünktlich. Verona kam bei RTL immer zwei bis drei Stunden verspätet ins Studio. Offiziell, weil sie Moderationskärtchen auswendig lernen musste. Ich glaube, weil sie einfach so lange in der Maske saß. Aber da Verona immer wirklich bombe aussah, sei ihr das verziehen. Überhaupt herrscht bei den Öffentlich-Rechtlichen ein ganz anderer Wind als bei den privaten Fernsehsendern. Das merke ich als Heimorgelspieler immer dann, wenn ich bei einem der Sender mit meinem Auto vorfahre. Im Auto liegt bekanntlich meine große und schwere Heimorgel. Aus dem Auto wuchten kann ich die Heimorgel alleine, denn ich ziehe sie einfach heraus und lasse sie auf den Boden plumpsen. Doch dann stehe ich vor der Pforte der jeweiligen Sender und komme nicht weiter, weil die Orgel mir alleine zu schwer ist. Bei den privaten Sendern dauert es ungefähr 17 Sekunden und mehrere Leute bieten freiwillig Hilfe an. Die meisten Helfer wirken so, als hätten sie ADHS oder am Morgen irgendwelche schnellen weißen Pülverchen konsumiert. Bei den Öffentlich-Rechtlichen stehst du gerne mal acht Minuten vor der Pforte. In dieser Zeit kommen mehrere gemütlich aussehende Männer und einige Frauen in Gesundheitslatschen plus asymmetrischem Haarschnitt an dir vorbei. Und wenn du die Männer ansprichst, ob sie dir mal eben die Orgel auf ein Rollbrett wuchten können, sagen alle: »Tut mir leid, mein Rücken ist kaputt und ich habe einen Fünf-Kilo-Schein.« Aber man muss die ganze Sache positiv sehen. Wenn man es bei den Öffentlich-Rechtlichen erst mal auf einen Sendeplatz in irgendeiner Nische geschafft hat, dann lassen die dich dort auch erst mal ein Jahrzehnt lang schalten und walten, wie du willst. Die Quote ist nicht ganz so wichtig. Pierre hat mir erzählt, dass bezüglich seiner Sendung in jedem Jahr eine neue Diskussion unter den Entscheidungsträgern des SWR stattfand, ob die Show auch im neuen Jahr weitergehen sollte oder nicht. Es gab fünf Entscheidungsträger zu dieser Frage. All die Jahre waren drei dieser Menschen der Sendung gegenüber positiv eingestellt und zwei negativ. Deswegen konnte Pierre M. Krause viele Jahre lang in seiner Sendung tun und lassen, was er wollte. Das hätte er bei den Privaten niemals geschafft.

In jeder SWR-Sendung gab es einen oder zwei Interview-Gäste plus einen musikalischen Act. Der musikalische Act durfte nicht mit einem Playback ankommen, sondern musste immer live musizieren und singen. Daher kamen die meisten Sänger*innen mit einem Pianisten oder Gitarristen an. Denn das macht am wenigsten Stress. Eine anständige Band ließ es sich natürlich nicht nehmen, komplett mit allem Krempel im Studio aufzutauchen. Dann dauerte der Soundcheck leider länger. Aber es gab zwei Künstler, die konnten aus organisatorischen Gründen überhaupt keine musikalische Begleitung mit ins Studio bringen: Tom Gaebel und *Alligatoah*. Also haben mich beide Musiker im Vorfeld gefragt, ob ich auf meiner Heimorgel ihren Song spielen könne – da bin ich sehr stolz drauf! Die beiden Sänger waren die einzigen, die sich das getraut haben. Ihr könnt euch beide Auftritte heute noch bei YouTube angucken. Besonders witzig war der Auftritt der Kapelle *Polarkreis 18*. Die hatten ein ONE-Hit-Wonder mit »allein allein«. Die Band *Polarkreis 18* ist sehr keyboard-lastig und deshalb wussten die Musiker natürlich, dass Mambo Kurt existiert. Denn in der Keyboardszene ist der Name *Mambo Kurt* gut bekannt. Das geht sogar so weit, dass Keyboarder sagen »Hört sich an wie Mambo Kurt«, wenn sie meinen »Das sind aber geile Siebzigerjahre-Analogsounds«. Auf jeden Fall kamen *Polarkreis 18* in unser Studio und schauten sich das Ganze an. Meine Orgel war mittlerweile die neue Orgel, die der SWR höchstselbst bezahlt hatte und auf der ein offizieller Fundus-Aufkleber des SWR prangte. Auf dieser Orgel stand vorne nicht mehr »Mambo Kurt« drauf. Stattdessen hatte sie eine schick designte Vertäfelung, die zum gesamten Outfit des Studios passte. Auf dieser Heimorgel drehte sich wie gewohnt meine Discokugel. Und weil gerade Pause war, saß ich ganz gechillt im Studio und plauderte mit Kamerafrau Barbara. Meine Sonnenbrille hatte ich abgenommen und diese lag auf meiner Heimorgel. Einer der Keyboarder von *Polarkreis 18* kam mit mir ins Gespräch, ließ sich dann meine Heimorgel vorführen und meinte kurz darauf im Brustton der Überzeugung zu mir: »Du weißt aber schon, dass du ganz schön einen auf Mambo Kurt machst?« Ich konnte ihm natürlich nur antworten: »Alter, ich biiiiin Mambo Kurt!!!«

Epochal war auch der Auftritt von Katie Melua, ihres Zeichens georgisch-britische Sängerin, Songwriterin und Musikerin. Schlicht und ergreifend ein absolut internationaler Superstar. Sie wurde von Pierre M. Krause höchstpersönlich durchs Studio geführt. Irgendwann sagte Pierre dann sinngemäß: »And this is the organ of my studioband, he is a one man band«, und Katie Melua antwortete darauf: »Oh, like Mambo Kurt«. Pierre M. Krause musste sich setzen, so hart hatte ihn diese Antwort von Katie getroffen. Des Rätsels Lösung lag darin, dass Katie irgendwann einmal in Oslo studierte bzw. residierte. Und Mambo Kurt hat in dieser Zeit in Oslo in der Universität im *AStA*-Musikclub gespielt. Von den 50 Zuschauern, die ich damals in Oslo hatte, musste also eine Person Katie Melua im Teenageralter gewesen sein.

Solche Geschichten passieren halt manchmal, das liegt in der Natur der Sache, wenn man mit einer Heimorgel sein Geld verdient. Meine Frau hat mit der Medienbranche überhaupt gar nichts am Hut, sie arbeitet als selbstständige Unternehmensberaterin. Vor einigen Jahren war sie auf irgendeiner auswärtigen Veranstaltung mit anschließender Hotelübernachtung. Und wie es immer ist bei solchen Arbeitseinsätzen mit Hotelübernachtungen, sitzen die Arbeitenden abends in der Hotellobby und trinken einen Absacker. Irgendein Mann kam mit meiner Frau ins Gespräch. Natürlich wollte er checken, ob sie einen Partner hatte und was der so treibt. Denn generell besteht in solchen Hotelsituationen immer die theoretische Möglichkeit, dass sexuell irgendetwas gehen könnte. Der Typ fragte also: »Hast du einen Partner?« – »Ja, habe ich.« – »Was macht der denn so?« – »Der ist Musiker.« – »Ach, Musiker. Das ist ja interessant. Was spielt er denn für ein Instrument?« – »Keyboard.« – »Was? Keyboard! Pffft. Keyboarder sind alle scheiße. Da kann ich überhaupt nichts mit anfangen. Es gibt auf der ganzen Welt nur einen coolen Keyboarder. Und das ist Mambo Kurt.« – »Mein Mann ist Mambo Kurt.«

Durch das Engagement beim SWR hatte ich ein geregeltes – wenn auch kleines – Einkommen. Allerdings muss ich im Nachhinein eingestehen, dass es doch mit ziemlich viel Stress verbunden war. Denn zum einen musste ich alle zwei Wochen mit meinem Auto nach Baden-Baden fahren. Wie gesagt, liebe ich das Autofahren an sich. Trotzdem ist Autofahren natürlich Stress, selbst wenn man es nicht merkt. Zum anderen mag ich es eigentlich gar nicht so sehr, in einem Studio vor Kameras zu agieren. Das ist über die Jahre deutlich weniger belastend geworden. Aber damals habe ich immer in den ersten 60 Minuten im Studio geschwitzt. Am Anfang meiner Karriere bei Verona war das noch viel schlimmer, da war ich nach 45 Minuten wirklich klatschnass. Dann hörte das Schwitzen in Minute 46 auf und ich verfiel stattdessen in Fröstelattacken. Jetzt beim SWR hatte ich meinen Körper mittlerweile darauf getrimmt, dass ich nur noch an Bauch und Popo geschwitzt habe, aber nicht mehr am Kopf. Da ich in der Sendung stets hinter meiner Heimorgel gesessen habe, sind meine Schweißattacken also niemandem aufgefallen.

Und man darf nicht den Aufwand unterschätzen, wenn man alle 14 Tage mindestens zehn kurze musikalische Stücke in einer TV-Show spielen muss. Das waren immer die Refrains bekannter Popsongs, passend zum jeweiligen Thema in der Show. Denn ob du jetzt nur einen Refrain raushörst oder ob du gleich den ganzen Song auf eine CD bannst, ist fast dieselbe Arbeit. Ich habe damals de facto in jedem Monat zwei CDs eingespielt (vier Sendungen à fünf bis acht Songs). Da ich kein ausgebildeter Musiker bin und noch nicht mal Noten lesen kann, war auch das ganz schön stressig für mich. Und wer gestresst ist, zeigt gerne ein falsches Essverhalten. So war es kein Wunder, dass ich langsam, aber sicher immer dicker wurde und überhaupt nicht mehr runterschalten konnte.

Drei Todesängste 9

Überhaupt bin ich ein eher hibbeliger Charakter. Als Kind wäre bei mir sicher AADDHHSS diagnostiziert worden (also ein doppelt stark ausgeprägtes ADHS), doch in den 1970ern hat das einfach keine Sau interessiert. Es gab für mich zudem in der Vergangenheit drei absolute Todesgründe, um eine 1A Angststörung zu entwickeln. Erstens waren es große Kellerspinnen. Diese Angststörung ist mir zu 100 Prozent von meiner Mutter impliziert worden. Meine Mutter ist Amok gelaufen, wenn so ein Kaventsmann durch die offene Balkontür über unseren Wohnzimmerteppich gelaufen ist. Deswegen stand im Sommer der Staubsauger stets griffbereit in einer Ecke des Wohnzimmers. Schon in meinem zehnten Lebensjahr habe ich beschlossen, dass die armen Spinnen nichts dafür können, dass sie durch unser Wohnzimmer laufen und dass es unethisch sei, die Spinnen mit einem Staubsauger zu töten. Ich habe also im Alter von zehn Jahren all meinen Mut zusammengenommen und eine Kellerspinne mit einem großen Wasserglas und einem Stück Karton eingefangen und zwei Grundstücke weiter die Straße runter wieder freigelassen. Rückblickend betrachtet möchte ich sagen, dass dies bis heute meine größte Lebensleistung darstellt.

Der zweite Todesangst auslösende Faktor für mich sind Wasserpflanzen gewesen. Bis zu meinem 50. Lebensjahr musste meine Frau beim Schwimmen in einem See nur sagen »Ui, hier kommen Wasserpflanzen«, und ich stand original wie Jesus auf der Wasseroberfläche. Leider hat das nie jemand gesehen, denn sonst wäre ich Begründer einer neuen Religion geworden. Komischerweise ist diese Hysterie mit den Wasserpflanzen einfach so eingeschlafen. Noch im letzten Sommer war ich in der Ruhr schwimmen (ja, man kann jetzt wieder völlig problemlos in der Ruhr schwimmen; sauber ist sie, du muss nur damit rechnen, dass ab und an eine Ratte neben dir im Wasser schwimmt), und als mich einige Wasserpflanzen an den Beinen berührt haben, hat mir das überhaupt nichts mehr ausgemacht.

Drittens leide ich unter ausgeprägter Flugangst. Das wiederum ist mir ganz klar von meinem Vater mitgegeben worden. Mein Vater konnte mit dem Auto die schlimmsten Alpenpässe fahren, sodass schon zwei Reifen halb über dem Abgrund hingen, er konnte in seinem BMW 2002 ohne ABS und Airbags die ganze Nacht durch mit 185 km/h die Familie in den Urlaub zum Chiemsee fahren und dabei eine ganze Packung HB rauchen. Dieses Verhalten war mit Sicherheit gefährlicher als Fliegen. Aber Fliegen mochte Papa gar nicht. Deswegen ist Familie Limpinsel auch erst im Jahr 2008 erstmalig und einmalig zusammen geflogen. Mein Vater hat die ganze Zeit wie irr auf die Flügelspitzen gestarrt und seine Hände ganz fest verkrampft. Ich selbst habe im Jahr 1997 im Alter von 30 Jahren zum ersten Mal ein Flugzeug bestiegen. Ich habe im Vorfeld fünfmal die Toilette aufgesucht. Beim Flug selbst war ich mir bei jeder kleinsten

Turbulenz sicher, dass ich jetzt sterben würde. Und als das Flugzeug dann zweimal deutlich vernehmbar in der Luft bremste (einmal beim Verlassen der Reiseflughöhe und einmal beim Ausfahren der Landeklappen) bin ich vollkommen dekompensiert. So konnte das natürlich nicht weitergehen mit meiner Flugangst. Ich erinnerte mich an mein heldenhaftes Verhalten bezüglich der Kellerspinnen und habe irgendwann im Winter 2002 an mehreren Tagen hintereinander ganz preisgünstige Billigflüge gebucht. Ich hatte Glück. Es gab einen Schneesturm in diesen Tagen. Es waren Horrorflüge. Seit dieser Rosskur habe ich meine Flugangst eigentlich ganz gut im Griff. Trotzdem sitze ich noch heute im Flieger und habe leicht feuchte Handinnenflächen und Verstopfung ist vor meinem Abflug auch kein Thema.

Meine Autos, ein Junkie und mein Penis

10

Wir schreiben mittlerweile den Februar des Jahres 2007. Neben meiner Arbeit für den SWR war ich natürlich ganz normal an den Wochenenden auf Tour. Ich fuhr jedes Jahr ziemlich exakt 60000 Kilometer. Im ersten Jahr meiner professionellen Musikertätigkeit kamen sogar 120000 Kilometer zusammen. Damals gefahren in einem klimaanlagenlosen Passat 1.6 D ohne Turbo mit 55 PS und immer mit Vollgas, also 130 km/h. Mein Opel Omega Kombi hatte 2007 mittlerweile 250000 Kilometer auf dem Tacho. Zwischenzeitlich hatte er auch schon mal einen neuen Motor von der Autoverwertung bekommen. Denn mir war auf der A99 bei München die Kurbelwelle durchgebrochen. Glücklicherweise 500 Meter vor der Raststätte *Vaterstetten West*, sodass ich nur die Kupplung treten musste und auf den Parkplätzen ausrollen konnte. Noch heute ist dieses Ereignis sehr präsent, wenn ich die A99 lang komme. Sagt mir also nicht, Traumata wären nicht so schlimm, wenn schon dieses Mini-Trauma sich fest in meinem Unterbewusstsein verankert hat. Mit dem neuen Motor lief mein Omega wesentlich ruhiger, aber auch viel langsamer. Offensichtlich hatte der Vorbesitzer (denn ich hatte diesen Omega mit wenigen

Kilometern auf dem Tacho gebraucht gekauft) irgendein illegales Tuning am ersten Motor vorgenommen. Wie dem auch sei – der Opel Omega Kombi war eines der ganz wenigen Automodelle, in die hinten meine Heimorgel reinpasste. Vor dem Opel hatte ich einen Citroën XM Kombi. Der XM Kombi hat die Orgel auch problemlos geschluckt. Leider war der Dieselmotor in diesem Citroën eine vollkommene Fehlkonstruktion. Das merkte ich bei 120000 Kilometern, als mein Zylinderkopf defekt war. Haarriss und Wasserverlust. Ich bin damals extra zu einem Citroën-Fachmann gefahren und der meinte nur: »Das Auto kannst du wegschmeißen, denn es gibt überhaupt keine gebrauchten Motoren auf dem Markt. Die gehen alle bei 120000 Kilometern kaputt.«

Doch zurück zum Omega. Ich hatte Anfang 2007 eine Club-Show in Bern. Der Abend verlief vollkommen normal. Ich habe meine Show gespielt, danach das Auto gepackt und schon mal mein mobiles Navigationssystem an die Windschutzscheibe gepappt und eingeschaltet. Dann bin ich noch ganz kurz in den Club gegangen, nur um dem Besitzer zum Abschied die Hand zu schütteln. 90 Sekunden später war ich wieder draußen bei meinem Auto. Der Club lag in der Innenstadt und auf der anderen Straßenseite war ein Taxistand, an dem fünf Taxis standen. Als ich bei meinem Auto angekommen war, bemerkte ich, dass auf dem Fahrersitz ein großer Pflasterstein lag, die Scheibe eingeschlagen war und mein Navigationssystem fehlte. Ein verzweifelter Junkie hatte also den kurzen Moment meiner Unachtsamkeit genutzt und sich die Möglichkeit auf einen weiteren Schuss besorgt. Verrückt, immer diese Schweizer. Vor ein paar Jahren hatten sie in der Schweiz nämlich auch meinen Citroën XM aufgemacht. Damals allerdings ohne die Scheiben zu zerstören. Aus dem XM hatten sie mir meinen Technikkoffer mit Mikrofon, Werkzeug, Kabeln, Taschenlampe und Backup-CD-Spieler geklaut. (Die Orgel ist zwar noch nie kaputt gegangen, aber ich habe trotzdem immer ein Backup dabei; erst war dies ein CD-Spieler, dann ein Minidisc-Spieler und heute ein MP3-Player.) Der XM-Raub geschah in Zürich. Eine Woche später rief mich meine Schweizer Agentur an und teilte mir mit, dass die Züricher Polizei im Zürichsee einen leeren Koffer und einen Quittungsblock von mir gefunden hätte. Ich habe meiner Agentur gesagt, dass die Polizei diese Devotionalien vernichten darf.

Nach dem Einbruch in meinen Omega musste ich bei 3 Grad Außentemperatur und Schneeregen ohne Fahrer-Seitenscheibe von Bern bis nach Hause fahren. Ich habe mich in die Decke eingewickelt, die ich damals immer zur Polsterung meiner Orgel im Auto benutzt habe, die Heizung voll aufgedreht und bin losgefahren. Ich habe festgestellt, dass bei Geschwindigkeiten von über 120 km/h kein Schneeregen mehr ins Auto kommt, weil der Fahrtwind die Tropfen nach außen wegdrückt. Vor der Grenze war ich noch ein bisschen nervös, denn ich dachte mir, dass die Zöllner eventuell dumm aus der Wäsche gucken könnten. Denen war jedoch vollkommen egal, dass ein deutsches Auto ohne Fahrer-Seitenscheibe über die Grenze fährt. Gut für meinen Stresspegel war diese Aktion natürlich nicht.

Einige Monate später spielte ich eine Club-Show in Karlsruhe. Es war ein schöner Auftritt und ein vollkommen normaler Arbeitstag. Auch haben keine Karlsruher Junkies versucht, mir irgendwelche Dinge zu entwenden. Als ich nach der Show ins Hotel zurückkam und geduscht habe, musste ich zu meiner Verwunderung feststellen, dass sich mein Penis total entzündet hatte. Ich will jetzt hier nicht ins Detail gehen, aber gewisse Teile waren feuerrot und gewisse andere Teile ließen sich überhaupt nicht mehr irgendwohin schieben. Ich möchte betonen, dass ich ein sehr reinlicher Mensch bin und an diesem Abend weder Peniskontakt zu Groupies zweifelhafter Herkunft noch schamhaarbeklebten Urinalen auf der Männertoilette hatte. Einige Zeit später wurde mir klar, dass dies der Tag war, an dem meine Blutzuckerwerte durch die Decke geschossen waren. Ich war schwer diabeteskrank, ohne davon zu ahnen. Mein Übergewicht und mein Stress hatten in den letzten Jahren dazu geführt, dass meine genetische Veranlagung für Diabetes in einen manifesten Diabetes umgeschlagen war. Da ich mich als junger Mann gesund und kräftig fühlte, hatte ich natürlich noch nicht einmal einen Hausarzt und bin auch nach dieser Penis-Aktion noch nicht zu einem Hausarzt gegangen. Ein Urologe kriegte die Sache mit irgendwelchen Salben wieder in den Griff. Auf die Idee, mir mal den Blutzucker zu messen, kam er allerdings nicht. In den Wochen darauf musste ich immer öfter aufs Klo und Pippi machen. Häufiges Wasserlassen ist das Kardinalsymptom für das Vorliegen eines Diabetes. Aber ich wollte es einfach nicht wahrhaben, dass ich so dick und so gestresst sei, dass bei mir Diabetes ausgebrochen war. In dieser Phase war ich noch Kunde bei meinem Heilpraktiker. Zu ihm ging ich schon seit Jahren, wenn ich mich mal wieder an meiner Heimorgel verhoben hatte und er mich einrenken sollte.

Irgendwie schwante mir ja doch, dass ich eventuell Diabetes hätte. Denn ich musste andauernd aufs Klo rennen. Ich lag also mit meinem leicht verhobenen Rücken auf der Liege beim Heilpraktiker und fragte ihn: »Sagen Sie mal, ich habe in letzter Zeit immer so einen Durst, habe ich vielleicht Diabetes?« Er pendelte mit einem Pendel über meiner Stirn und seine Antwort war: »Nein, Sie haben keinen Diabetes. Bei Ihnen ist das die Schilddrüse.« Daraufhin gab er mir irgendwelche homöopathischen Kügelchen gegen meine Beschwerden mit. Das war übrigens das letzte Mal, dass ich bei diesem Heilpraktiker zur Behandlung war. Von einem Menschen, der so legendär ins Klo greift bei der Diagnose seiner Patienten, konnte ich mich in Zukunft nicht mehr am Rücken einrenken lassen. Eventuell hätte er mich in einen Rollstuhl hineingerenkt.

Orgelmassaker

11

Kurz vor dem Wacken 2007 rief mich Holger Hübner an und sagte mir, er halte es für eine gute Idee, wenn ich auf dem Festival mit einer Kettensäge meine Orgel zersägen würde. Also habe ich im Vorfeld eine 1-Euro-Orgel bei eBay ersteigert, die ich am Ende der Show austauschen wollte. Denn ich würde nie meine echte Show-Orgel zersägen, da steckt viel Arbeit drin. Ich verbaue ungefähr 25 hilfreiche Gadgets in meinen Show-Orgeln. Alle Gadgets wären prinzipiell patentfähig. Doch leider bin ich zwar der Weltmarktführer in Sachen Heimorgel, aber auch der gesamte Weltmarkt …

Ich habe meine Show auf dem Wacken 2007 durchgezogen und ganz am Ende mit einer Kettensäge vom technischen Hilfswerk meine Heimorgel zersägt. Das Ganze habe ich natürlich mit einer Kamera gefilmt und bei YouTube eingestellt. Zwei Tage später bekam ich von YouTube eine Art virtuellen Orden verliehen: Ich stand nämlich weltweit auf Platz 4 der Musikvideos mit der am schnellsten ansteigenden Zahl von Zuschauer-Klicks. *Madonna* lag in diesen Tagen einen Platz hinter mir. Die Security an meiner Bühne wusste damals nicht genau, wie sie mit mir umgehen sollte. Denn jegliche Art von gefährlichen Gegenständen war auf dem Festival verboten. Einige meiner Fans haben es jedoch geschafft, sich so weit über die Absperrungen zu lehnen, dass sie ein paar Kabel aus den Innereien der zersägten und komplett zerstörten Orgel zu fassen bekamen. Dann haben sie ungefähr 30 Kilo Heimorgel-Schrott von der Bühne in den Zuschauerbereich gezogen. Große Teile, spitze Teile, gefährliche Teile. Damit sind die Fans glücksbeseelt von dannen gezogen und haben den Orgelschrott über das ganze Gelände getragen. Einen Regenschirm hätte die Security nicht erlaubt.

Die Diagnose

12

Mir selbst ging es rund um diesen legendären Auftritt mehr als schlecht. Ich hatte mich schon zu dieser Show geschleppt und danach war bei mir vollkommen die Luft raus. Wieder zu Hause angekommen, habe ich mich sage und schreibe vier Tage lang nicht mehr vom Wohnzimmersofa erhoben. Ich fühlte mich wie ein 105-jähriger Senior auf dem Sterbebett. Ich hatte einen fürchterlichen Druck im Kopf, Hammer-Kopfschmerzen noch dazu. Meine Augen brannten, als sei ich 1981 stundenlang in einem vollkommen überchlorten rumänischen Freibad geschwommen. Dazu rannte ich ungefähr alle zwei Stunden auf die Toilette. Auch nachts. Und ich hatte einen unstillbaren Durst auf gezuckerte Limonaden. Ich bin tatsächlich zum Discounter gefahren und habe mir die großen Sechserträger billiger Limonade gekauft. Davon habe ich am Tag ungefähr 4,5 Liter getrunken, um sie ein paar Stunden später wieder auszupinkeln. Meine Frau nötigte mich am fünften Tag endlich, dass ich mir einen Hausarzt suchen solle.

Eine Woche nach dem Wacken 2007 bin ich zu einem Arzt in Bochum gegangen. Ich habe diesem Menschen nicht gesagt, dass ich selber Arzt bin und dass ich die Vermutung habe, an Diabetes zu leiden. Ich fühlte mich tatsächlich wie Sigourney Weaver in »Alien 3« – ich ahnte, dass etwas in mir steckt. Der Arzt war ein netter Mensch, hat ein kleines Gespräch mit mir geführt und erst mal ein großes Blutbild abgenommen. Am nächsten Morgen rief die Sprechstundenhilfe bei mir an und meinte, der Doktor würde mich gerne sprechen. In dieser Sekunde war mir sonnenklar, dass ich Diabetes haben musste. Ich ging also am Nachmittag zu meinem neuen Hausarzt und noch bevor wir uns die Hände geschüttelt haben, sagte ich zu ihm: »Ich habe Diabetes, stimmt's?«

Er konnte dies nur bejahen. Meine Werte waren schlecht. Rekordverdächtig schlecht. Mein neuer Hausarzt hatte bis zu diesem Moment in seiner Praxis noch keinen Menschen mit so schlechten Werten gemessen. Mein Nüchternblutzucker betrug 321 mg/Deziliter und mein Langzeitblutzucker HbA1c lag bei schwindelerregenden 14,1 Prozent. Meine Cholesterinwerte waren unfassbar schlecht (Triglyceride über 3000) und ein Cholesterinwert war überhaupt nicht mehr zu messen. Auf dem Laborbogen stand nur noch »tilt«.

Noch drei Wochen vorher stand ich mit meinem Rennrad auf dem höchsten befahrbaren Alpenpass. Das ist der *Col de la Bonette* in den französischen Seealpen. Wenn man da ohne Elektrofahrrad hochkommt, dann fühlt man sich nicht krank. Auch wenn man seit einigen Wochen alle zwei Stunden unfassbar viel Pipi machen muss. Und jetzt bekam ich von einem Tag auf den anderen Insulinspritzen verschrieben. Da ich selber Arzt bin, bin ich natürlich engagiert an die Therapie mit den Insulinspritzen rangegangen. Schon ein paar Tage später war mein Blutzucker o.k. Ich fand es vor allen Dingen sehr erleichternd, dass der Druck in meinem Kopf und das Brennen in den Augen sowie der Drang zum Wasserlassen plötzlich verschwunden waren. Meine erste Kontrolluntersuchung nach zwei Monaten ergab einen Langzeitblutzucker HbA1c von 5,7 Prozent. Wenn es nach der Schul medizin gegangen wäre, hätte dieser Zustand bis zu meinem Tod so bleiben können. Denn ein gut eingestellter Diabetiker verursacht zwar große Kosten, hat aber ansonsten keine negativen Kollateralschäden zu erwarten. Ich habe mich nicht unter Druck gesetzt und war froh, dass Ruhe im Schiff eingekehrt war. Ich habe erst mal einen All-Inklusiv-Urlaub gebucht. In diesem Urlaub habe ich mich fast zu Tode gefressen, denn ich konnte ja alle Kohlenhydrate durch meine Insulinspritze wieder neutralisieren. Aber ich merke, dass ich hier wie selbstverständlich von der Diabeteskrankheit rede. Deswegen muss ich jetzt mal einen kleinen Crashkurs mit Basisinformationen zu Diabetes einflechten.

Crashkurs Diabetes 13

Diabetes bedeutet, dass dein Blut zu süß ist. Du kannst nicht schmecken, riechen oder fühlen, ob du an Diabetes leidest. Deswegen ist Diabetes fast immer eine Zufallsdiagnose beim Hausarzt. Dummerweise haben dann schon 40 Prozent der Betroffenen Folgeschäden von Diabetes, weil sie so lange unwissend mit hohen Blutzuckerwerten durch die Gegend gelaufen sind. Daher meine innigste Bitte: Jeder Mensch über 40 muss alle zwei Jahre zur Blutkontrolle zum Hausarzt. Studien zeigen ganz klar, wo die Grenze liegt, ab der die Menschen in einen handfesten Diabetes rutschen, wenn sie nichts an ihrem Lifestyle ändern. Diese Grenze liegt bei einem Nüchternblutzucker von 105 mg/Deziliter. Bist du über 40 Jahre alt, gehst du also morgen zu deiner Apotheke und lässt nüchtern am Morgen deinen Blutzucker messen. Alternativ kannst du dir für wenige Euro beim Discounter ein Blutzuckermessgerät kaufen.

Das Schlimme an Diabetes ist, dass zu süßes Blut auf lange Sicht Folgeschäden im Körper hervorruft. Der grundlegende Mechanismus ist, dass Diabetes die Adern in deinem Körper verstopft. Verstopfen die großen Adern, dann kommt es zu Herzinfarkt, Schlaganfall und einer Durchblutungsstörung der Beine. Die Beine faulen ab. Sind die kleinen Adern betroffen, kommt es zu Erblindung, Nieren- und Nervenschäden. Die Pharaonin Hatschepsut regierte Ägypten von 1479–1458 v. Chr. Sie führte schon damals ein modernes Leben. Denn sie hatte Stress und lebte im Überfluss. 2007 tauchte ihre Mumie auf. Hatschepsut hatte Diabetes und war dick. Sie starb mit 50 Jahren an Krebs. Diabetiker bekommen häufiger Krebs. Diabetes kostet die deutsche Gesellschaft jedes Jahr 32 Milliarden Euro. In jedem Lehrbuch der inneren Medizin steht geschrieben, dass Tabletten und Insulinspritzen erst zum Einsatz kommen dürften, wenn die natürliche Therapie des Diabetes versagt hat. Genau hier liegt das Problem. Die natürliche Therapie gegen Diabetes versagt nämlich (fast) nie, aber (fast) kein Mensch mit Diabetes versucht ernsthaft, seinen Lebensstil zu ändern. Die allermeisten Diabetiker wollen vom Arzt Medikamente verschrieben bekommen und dann genauso weiterfuttern wie vorher. Neben schlechter Ernährung (und damit verbunden dem Aspekt des Übergewichts) sind Bewegungsmangel und Stress die auslösenden Faktoren für Diabetes. Die Weltgesundheitsorganisation WHO bezeichnet Diabetes als Bedrohung für die Menschheit. Jeder Arzt, jeder Apotheker und alle Krankenkassen wissen eigentlich, dass Diabetes wieder verschwinden kann, wenn die Kranken die drei Baustellen Ernährung, Stressvermeidung und körperliche Bewegung rigoros angehen. Ich habe jedoch am eigenen Leib festgestellt, dass mir das bei meiner Erstdiagnose niemand gesagt hat. Nun gut, ich wusste das selbst, weil ich Arzt bin. Aber da liegt in unserer Gesellschaft wirklich etwas im Argen. Wenn ich Gesundheitsminister wäre, würde ich dafür sorgen, dass jeder Deutsche bei der Beantragung eines neuen Personalausweises zwingend seinen Blutzuckerwert messen lassen müsste. Würden wir das tun, dann bekämen nämlich zwei Millionen unwissende Diabetiker ihre Diagnose und könnten etwas gegen drohende Folgeschäden unternehmen.

Locus Limpinseli 14

Vom Sommer 2007 bis zum Sommer 2008 habe ich also Insulin gespritzt. Eigentlich kam ich mit diesem Medikament gut klar. Meine Blutzuckerwerte waren wieder top und das Hantieren mit dem Pen hat mich auch nicht gestört. Ich kam mir immer vor wie ein dopender Spitzensportler, wenn ich mir zu allen möglichen und unmöglichen Gelegenheiten mein Insulin in die Plauze gerammt habe. Es gab jedoch eine Sache, die mich kolossal in meinem Leben als insulinpflichtiger Diabetiker genervt hat. Das war das mehrfache tägliche Piksen in meine Fingerkuppen, um einen Tropfen Blut für die Blutzuckermessung zu gewinnen. Ich bin nun mal ein sehr sensibler Mensch und ich habe bei jedem Messvorgang mindestens zehnmal meine Finger in der allerletzten Mikrosekunde wieder weggezogen. Dieses Spielchen habe ich mir einige Monate angetan, bis ich mich mit meinem Lanzettiergerät an allen möglichen Stellen meines Körpers gestochen hatte. Ich war händeringend auf der Suche nach irgendeiner anderen Stelle am Körper, wo es nicht so schmerzhaft war. In den Grübchen außen neben der Kniescheibe bin ich fündig geworden. Ich habe also fünfmal am Tag vollkommen enthemmt mein Hosenbein hochgekrempelt und dort neben den Kniescheiben meinen Blutzucker gemessen. Das habe ich auch im Sternerestaurant so gemacht. Ich habe nichts dagegen, wenn diese Stelle zum Blutabnehmen in Zukunft den Namen »Locus Limpinseli« tragen würde.

Im Juli 2008 war es dann eine handfeste Unterzuckerung auf einer Tour mit dem Mountainbike, die endgültig in mir den Wunsch aufkommen ließ, dass ich meinen Diabetes wieder loswerde. Ich war zusammen mit meinem Kumpel Henning auf dem Bike unterwegs und mein Bruder kutschierte (als ebenso großer Autofahrer wie mein Vater und ich) unser Gepäck in meinem Auto an den Zielort. Für einen Tag hatte ich im Vorfeld im Internet eine wunderschöne Tour von drei Stunden Länge ergoogelt: eine Stunde den Berg hochfahren, eine Stunde auf einer hübschen Hochebene dahinrollen und am Ende eine Stunde in ein pittoreskes Bergdorf abrollen. Das war der Plan. Leider artete das Ganze in eine zehnstündige Expedition aus. Denn irgendein Trottel, Angeber oder Sadist (wahrscheinlich jedoch eine Person mit allen drei Eigenschaften) hatte eine vollkommen irreführende Beschreibung dieser Mountainbike-Tour ins Netz gestellt. Berghoch haben wir drei Stunden geschoben, denn an Fahren war wegen des gerölligen Untergrunds, der Enge des Weges und seiner Steilheit nicht zu denken. Auf dem Hochplateau angekommen gab es schlicht und ergreifend keinen sichtbaren Weg mehr. Stattdessen war alles voll mit irgendwelchem Gehölz und verblockten Felsen. Zu Hause habe ich ja immer eine Machete am Mountainbike, um die Brombeerbüsche zurechtzuweisen, aber hier mussten wir mit bloßen Händen die dicken Äste abbrechen. Verfahren haben wir uns zudem noch. Schon oben auf der Hochfläche hatte mein Kumpel nichts mehr zu rauchen (und das war somit das Schlimmste, was ihm passieren konnte) und ich hatte nichts mehr zu essen. Wenn man jedoch am Morgen sein Langzeitinsulin gespritzt hat, dann muss man etwas essen, sonst unterzuckert man irgendwann. Und schon auf der Hochebene merkte ich, dass mir langsam schummrig wurde. Aber danach ging es ja nur noch »leicht flowig« bergab. Mein Kumpel und ich waren leider nicht die amtierenden Weltmeister im Downhill-Mountainbike-Fahren und wir hatten auch keine Fahrräder mit 40 cm Federweg vorne und hinten. Also sind wir bergab gar nicht gefahren und haben uns stattdessen bei den ganz dicken Stufen gegenseitig die Mountainbikes angereicht. Nach weiteren drei Stunden kamen wir irgendwie auf die Landstraße. Ich habe keinerlei Erinnerung mehr daran, wie ich es letzten Endes in das nächste Dorf und in die entsprechende Dorfkneipe geschafft habe. Denn ich war massiv unterzuckert und es ging wirklich um Leben und Tod. In der Dorfkneipe habe ich sofort drei Cola und vier kleine Tüten Kartoffelchips verschlungen. Etwas später kam mein Bruder zu diesem ungeplanten Endpunkt unserer Tour. Im Auto war mein Blutzuckermessgerät. Mein Blutzucker war nach Cola und Chips immer noch zu tief. Auf so eine Aktion hatte ich in Zukunft überhaupt keinen Bock mehr.

Ich beschloss, grundsätzlich etwas an meinem Leben zu ändern.

Tandemurlaub, konsequente Menschen und die Änderung meines Lifestyles

15

Eine Woche nach dem Wacken 2008 habe ich mein Leben geändert. Ich beschloss, einige Zeit zu fasten, weil ein Heilfasten die beste Methode darstellt, um einen Diabetes zu therapieren. ABER VORSICHT: FASTEN PLUS DIABETES-MEDIKAMENTE KANN TÖDLICH ENDEN. DU MUSST VORHER UNBEDINGT MIT DEINEM BEHANDELNDEN ARZT SPRECHEN. Ein Fasten ohne eine anschließende Umstellung der Ernährung ist generell witzlos. Deshalb nahm ich mir vor, nach dem Fasten meine Ernährung umzustellen, mein Stressniveau runterzufahren und regelmäßig für Sport zu sorgen. Also habe ich am Freitag, den 8. August 2008 das letzte Mal in meinem Leben Insulin gespritzt und am Samstag, den 9. August 2008 habe ich mein restliches Insulin in den Mülleimer geworfen. Am Sonntag, den 10. August 2008 habe ich ein fast vierwöchiges Heilfasten begonnen. Am Montag, den 11. August 2008 bin ich zusammen mit meiner Frau in einen vierwöchigen Tandemurlaub gefahren. Wir hatten beschlossen, dass wir mit Zelt und Kocher bis nach Belgien und zurück fahren würden. Meine Frau war jedoch keineswegs mehr willig, so spartanisch wie in jungen Jahren zu campen. Es mussten ein Tisch, zwei Stühle, zwei Liegestühle, vier Isomatten, zwei Benzinkocher, vier Schlafsäcke und schöne Klamotten zum Anziehen mit. Hinter das Tandem koppelten wir einen großen Anhänger. Was soll ich sagen? Wir haben es nicht bis Belgien geschafft. Der erste Tag brachte uns bis zum Baldeneysee in Essen. Das fahre ich unter normalen Umständen mit meinem Carbon-Rennrad in ein paar Minuten. Aber damals herrschten keine normalen Bedingungen. Meine Gattin war untrainiert und ich war am Fasten. Noch dazu saßen wir auf einem Tandem mit viel Gepäck und einem bleischweren Anhänger. Nach der Überwindung einer Straßenbrücke über eine Eisenbahnlinie war ich so komplett erschlagen, wie ich es sonst nur bin, wenn ich in den Alpen 2000 Höhenmeter in den Beinen habe.

Fasten bedeutet übrigens keineswegs Hungern. Fasten bedeutet, dass du weniger als 300 Kalorien pro Tag zu dir nimmst und dass du keine feste Nahrung kaust. Außerdem musst du alle zwei Tage für eine Darmreinigung sorgen. Es kommt also die jahrtausendealte Erfindung des Einlaufs zum Einsatz. Wir Menschen sind von der Natur geradezu dafür konstruiert, einmal längere Zeit ohne Nahrung auszukommen. Ich kann nur sagen, dass Heilfasten ein echtes Erweckungserlebnis darstellt. Du siehst die Welt danach mit anderen Augen. Ja, ich weiß, dass sich die meisten von euch nicht vorstellen können, mit einem Fahrrad für vier Wochen in einen Fastenurlaub zu fahren. Zudem, wenn man alle zwei Tage in einem Igluzelt für einen Einlauf sorgen muss. Aber nach ein paar Mal hatte ich die ganze Situation so gut im Griff, dass ich auf dem Weg zum Toilettenhäuschen sogar noch einen kleinen Umweg schlendern konnte.

Doch ich gebe zu, dass ich wohl tatsächlich ein relativ konsequenter Mensch bin. Wenn ich dir heute zusichere, dass wir in sechs Jahren am zweiten Wochenende im Juli mit einem PKW vom Autoverwerter nach Marokko und zurück fahren werden, dann tue ich das. Darauf kannst du dich verlassen. Mein Opa war auch so ein konsequenter Mann. Ich liebe konsequente Menschen.

Ein Bekannter von mir ist der Biologe Markus. Ein Mann, der extrem konsequent ist, wenn er ein Ziel hat. Seine Studie über die Kompostierbarkeit von menschlichen Fäkalien in stark tonhaltigen Böden führte dazu, dass er zehn Monate auf seinem Balkon in einen umgewandelten Blumenkasten gekackt hat. Die Nachbarn mokierten sich wegen unerklärlicher olfaktorischer Irritationen im Innenhof. Vor die Mieterversammlung wurde Markus hingegen erst Jahre später gezerrt. Er hatte seine Beziehungen spielen lassen und am Ozeanographischen Institut in Schleswig-Holstein einen im Sturm an den Strand gespülten Kleinwal besorgt. Markus wollte das Tier präparieren und das Skelett in seinem Flur unter die Decke hängen. Das Tier war im Hochsommer im Sand von St. Peter-Ording verreckt. Jetzt musste es bei 35 Grad Außentemperatur die 500 Kilometer bis ins Ruhrgebiet transportiert werden. Der als Sparfuchs verschriene Markus beauftragte keine Spedition, sondern erledigte diese Aufgabe höchstpersönlich in seinem 92er VW-Passat-Kombi ohne Klimaanlage. Der Wal begann schon leicht zu müffeln. Kein Wunder bei 200 Kilo verwesendem Fischfleisch. Zu Hause angekommen stellte sich das Problem, dass der Wal in kein Behältnis passte, um durch Kochen das Fleisch von den Knochen zu lösen. Also beschloss Markus, dass Mutter

Natur die Entfleischung schon irgendwie ohne kochendes Wasser erledigen würde. Der Wal wurde im Garten abgelegt, der entfleuchende Gestank war bestialisch – wie Fischgeruch am Freitag im Treppenhaus oder ungewaschene Mädchen untenrum, nur einhundert Mal schlimmer! Ich glaube, sogar der WDR hat Reporter in Markus' Heimatort geschickt, um Meldungen von verängstigten Bürgern nachzugehen. Nach der hochnotpeinlichen Befragung vor dem Mieterrat ist nun Gras über die Sache gewachsen und der Kleinwal hängt perfekt präpariert unter Markus' Decke in der Diele.

Natürlich war die Sache mit dem Fasten in meinem Tandemurlaub nicht ganz so einfach. Wie ich heute weiß, lag das vor allen Dingen daran, dass ich damals direkt aus einer ungesunden Ernährung ins Heilfasten aufgebrochen bin. So kam es, wie es kommen musste. Schon nach ein paar Tagen hatte ich Gewaltfantasien meiner Frau gegenüber, Todessehnsucht, Albträume, Schweißausbrüche und generell schlechte Laune. Wenn ich heute faste, dann faste ich einfach so. Es macht mir einfach überhaupt gar nichts mehr aus. Denn mein Körper ist mittlerweile vollkommen entwöhnt von süchtig machenden Dingen in schlechter moderner Ernährung. Damit meine ich Auszugsmehle, jegliche Chemie, Haushaltszucker, Süßstoffe und Geschmacksverstärker. Doch damals habe ich meiner Frau so gut wie jeden Tag die Ohren voll gejammert, dass ich es niemals schaffen werde und dass sowieso alles keinen Sinn macht. Allerdings wendete sich das Blatt gegen Ende der zweiten Woche. Zwei Wochen lang hatte ich mich nirgendwo anders aufgehalten als strampelnd auf dem Sattel meines Tandems oder auf dem Campingplatz. Meine Frau war so nett, in dieser Zeit die Einkäufe zu tätigen. Denn auch wenn du fastest, solltest du am Tag ein bisschen pürierte Nahrung zu dir nehmen. Du musst halt unter besagten 300 Kalorien pro Tag bleiben, damit dein Körper im sogenannten Keton-Körperkreislauf bleibt. Was das bedeutet, würde jetzt biochemisch zu weit führen. (Wenn dich das interessiert, dann musst du dir meine anderen Bücher kaufen.) Auf jeden Fall macht es Sinn, morgens und mittags je eine halbe Banane püriert in Wasser zu trinken. Und am Abend kommt eine kleine gekochte Kartoffel püriert als Suppe auf den Tisch. Da meine Frau ganz normal gegessen hat, musste sie immer zum Einkaufen fahren. Am Ende der zweiten Woche war meine extrem schlechte Laune aber fast komplett verflogen und ich sah mich imstande, mit ihr in den Supermarkt zu gehen. Wir sind mit dem Tandem zu einem typisch deutschen Gewerbegebiet außerhalb einer Kleinstadt gefahren. Da gibt es dann immer einen Discounter, einen Premium-Supermarkt, einen Laden mit billigen Klamotten und einen Drogeriemarkt. Am Rande dieser Kleinstadt lag auch noch zufällig eine Filiale einer amerikanischen Bulettenfabrik direkt am Eingang des Gewerbegebiets. Und als ich mit dem Fahrrad an dieser Filiale vorbeigeradelt bin, geschah Wunderliches. Denn bis vor zwei Wochen hatte mich der Geruch aus dem zweiten Fenster immer magisch angezogen. Ihr wisst schon, das berühmte zweite Fenster (»Ihre Bestellung macht 7,51 Euro. Bitte fahren Sie vor bis zum zweiten Fenster«). Ich war ein absoluter Junk-Food-Ultra. Aber jetzt erinnerten mich die Gerüche aus dem offenen zweiten Fenster eher an die Chemiekatastrophe von Bhopal. In dieser Sekunde wusste ich, dass ich es schaffen könnte. Dass ich tatsächlich für den Rest meines Lebens andere Lebensmittel essen würde als die meisten Menschen in westlichen Kulturen.

Ich habe also ab dem Sommer 2008 meinen Lifestyle geändert. Ich habe begonnen, planvoll Sport zu treiben. Sport wirkt besser gegen Diabetes als Diabetestabletten. Du musst gar nicht zum Sportmaniac werden. Es reicht völlig aus, wenn du einmal in der Woche mit Gummibändern deine Muskeln trainierst und zweimal in der Woche stramm spazieren gehst. Sport kann aber nicht alles. Denn bekanntlich stand ich drei Wochen vor meiner Diabetesdiagnose mit meinem Cannondale auf dem *Col de la Bonette.*

Genauso habe ich mich bemüht, meinen Stress zu minimieren. Das ist die schwierigste Baustelle. Schon das Aufstehen mit einem Wecker sorgt für Stress in uns Menschen. Handys sind auch nichts anderes als Stress. Doch ständiger Stress schüttet Stresshormone aus und drängt die Menschen gerne in ungesundes Essverhalten. Beides sind Risikofaktoren für Diabetes. Deswegen habe ich mir zum Beispiel einen kleinen Safe mit einer Zeitschaltuhr gekauft. In diesen Safe habe ich jeden Tag um 17 Uhr und generell am Wochenende alle meine elektronischen Nervtöter gelegt. Ich lebe also wieder mit echtem Feierabend und echtem Wochenende. Darüber hinaus kann ich jedem von euch nur empfehlen, echte drei Wochen Urlaub im Jahr zu machen. Und zwar offline. Nimmst du deine Handys mit in den Urlaub, dann arbeitest du eigentlich nur in der Ferne. Ebenso war es für mich als begeisterten Autofahrer an der Zeit, mir eine BahnCard zu kaufen und nun mit dem ICE nach Baden-Baden zur Fernsehshow zu fahren. Damals war das tatsächlich eine Maßnahme zur Stressreduktion. Letzte Woche (also 2024) bin ich noch einmal die Strecke in den Süden mit dem Zug gefahren. Mittlerweile ist die Situation der DB so marode, dass mich das wahrscheinlich mehr stressen würde, als wieder mit dem Auto zu fahren. Mein durchgehender Zug von Bochum nach Baden-Baden fuhr nämlich erst mal gar nicht. Ich musste in Dortmund ein- und aussteigen. Und dann hat dieser durchgängige Zug es geschafft, auf der Hinfahrt 90 Minuten und auf der Rückfahrt 170 Minuten Verspätung zusammenzubummeln. Deutsche Bahn, was ist bei dir los?

Bleibt als dritte Baustelle die Ernährung. Trinke Wasser zur Durstlöschung und trockene Weine oder klare Schnäpse, falls du Alkohol konsumieren möchtest. Bier ist schlecht. Verzehre echte Vollkornprodukte. Eigentlich brauchst du nur echtes Roggenvollkornbrot auf Basis von Natursauerteig aus einer Ökobäckerei und Vollkornreis. Da Vollkornreis aber vielen Menschen nicht schmeckt und einige sogar Blähungen davon bekommen, musst du den Vollkornreis über Nacht einweichen, bevor du ihn kochst. Haushaltszucker, Zuckerersatzstoffe, Süßstoffe und jegliche Chemie im Essen lässt du einfach weg. Gleiches gilt für Milch und Weizen. Denn letztgenannte sechs Dinge ärgern deine Darmbakterien und dein Immunsystem. Dann aber wirst du eher dick und krank. Ansonsten stopfst du dir dreimal am Tag den Magen richtig voll mit Gemüse, Gemüse, Gemüse, Pilzen, Gewürzen, Nüssen, Eiern, Fleisch, Fisch, gesunden Fetten (also Olivenöl, Butter, Kokosöl), Hülsenfrüchten, Roggenbrot, Vollkornreis, Käse, Wurst, Schinken, Oliven und etwas Obst. Fruchtsaft hingegen ist pures Gift für Diabetiker (aber eigentlich für alle Menschen). Wenn dich dieses Thema interessiert, dann such im Internet bei YouTube nach meinem Kanal »Dr. Limpinsel redet über Diabetes«. In Folge 032 zeige ich ganz viele Beispielfotos von meinen täglichen Essensportionen. Ich lebe keineswegs asketisch, sondern ich schlemme mehr als früher. Aber ich nehme dafür gute Nahrungsmittel. Und ich koche selbst. Ich habe viele Bücher über Diabetes geschrieben, Bestseller sind »Diabetes bekämpfen in 28 Tagen«, »Schatz, der Bauch muss weg« oder »Der Anti-Diabetes-Plan«. Denn ich habe es geschafft, meinen Diabetes zu besiegen und das wiederum könnten 90 Prozent der Betroffenen ebenfalls schaffen. In meinem Buch »Der Anti-Diabetes-Plan. Das Praxisbuch« findest du übrigens ganz konkrete Handlungsanweisungen, wie du drei Monate leben sollst, um deinen Blutzucker nachhaltig nach unten zu bringen.

Ganz wichtig war für mich der Verzicht auf Bier, denn Bier ist für übergewichtige Menschen mit Diabetes nicht gut. Wohlgemerkt verzichte ich nicht auf Alkohol, ich lasse nur das Bier weg. Das war aber nicht ganz einfach. Wie ich bereits geschildert habe, ist mein Grundcharakter eigentlich der eines nervösen Pferdes in seiner Startbox. Da ich jedoch seit meinem 18. Lebensjahr sehr engagiert Bier getrunken hatte, konnte ich mich all die Jahre zu einem in sich selbst ruhenden Buddha transformieren. Bier beruhigt halt, dafür sorgt der Hopfen. Jetzt trinke ich trockenen Wein, der lässt meinen Blutzucker in Ruhe. Für die notwendige Entspannung muss ich mit einem kleinen Spaziergang oder einer Yogaübung sorgen. Früher war ich echt ein guter Biertrinker. Ich behaupte zwar, niemals ein Alkoholiker gewesen zu sein. Aber zumindest im Skiurlaub war ich mir da nicht mehr so ganz sicher. Denn acht Jahre in Folge war ich immer der Bierkönig auf der Strichliste in einem Skihüttenurlaub mit 50 Mann. Es hat schon seinen Grund, warum die Menschen auf der ganzen Welt das Bier so lieben. Mit Bier kannst du dir unerträgliche Situationen schön trinken. Mit Freude denke ich zurück an eine Mountainbike-Tour mit meinen Freunden im Dezember 2004. Wir haben uns ausschließlich auf Waldwegen von Bochum bis Wuppertal und zurück bewegt. Unterwegs hatten wir mindestens 13 Platten und Schneeregen gab es auch. Der Höhepunkt war der sogenannte »Dutroux-Acker«, der irgendwo auf dem Weg rings um ein wirklich schäbiges Haus lag. Einer von uns sagte: »Boa, da hinten wohnte bestimmt der Dutroux.« (Für alle, die mit dem Namen nichts anfangen können: Marc Dutroux, belgischer Mörder und Sexualstraftäter) Auf dem Dutroux-Acker war an das Fahren auf dem Mountainbike nicht zu denken. Stattdessen mussten wir schieben. Der unglaublich lehmige und matschige Untergrund sorgte dafür, dass wir für die 120 Meter des Ackers echte 42 Minuten brauchten. Der Name »Dutroux-Acker« hat sich somit bis heute fest ins kollektive Gedächtnis meiner Fahrradkumpels eingebrannt. Aber wir haben auf dieser wirklich schäbigen Mountainbike-Tour an jeder Tankstelle Bier nachgeladen. Trotz der absolut widrigen Umstände hatten wir die ganze Zeit komplett gute Laune. Dem Bier sei Dank.

Ja, das Fahrradfahren macht mir wirklich Spaß. Doch noch lieber bastle ich an meinen Fahrrädern. Mittlerweile baue ich mir sogar meine Rahmen aus Carbon selbst. Pedale, Lenker, Lenkerhörnchen und Vorbauten sowieso. Ein Prototyp von mir war ein Rennrad mit einer Vollverkleidung aus Carbon mit einem Gesamtgewicht von nur 11,8 Kilo. Die Vollverkleidung hatte den großen Vorteil, dass ich dahinter bei winterlichen Temperaturen in einer kurzen Hose trainieren konnte. Ich habe auf diesem voll verkleideten Rennrad wirklich einen Winter lang trainiert. Aber es war sogar mir am Ende zu viel Aufsehen. Ich hätte ebenso gut mit einem UFO oder drei weißen Elefanten über den Radweg an der Ruhr fahren können. Obwohl ich mir eigentlich für nichts zu albern bin, habe ich das voll verkleidete Fahrrad dann tatsächlich verkauft. Oder besser gesagt: Ich habe versucht, es zu versteigern. Denn meine Anzeige bei eBay hat außer für Hohn und Spott in den Kommentaren für keine weitere Reaktion gesorgt.

Seit 2003 fahre ich mit meinem Mountainbike in meiner Umgebung alle Trampelpfade ab. All die schönen Radwege, die heutzutage auf stillgelegten Eisenbahnstrecken angelegt worden sind, bin ich schon gefahren, als dort noch Schienen und Schwellen lagen und Tausende von Birken kreuz und quer auf dem Weg standen. Damit ich meine Erstbefahrungen durchführen konnte, habe ich dann vielleicht auch mal den ein oder anderen umgefallenen Baum durchgesägt und zur Seite gerollt. Darüber hat damals der WDR berichtet, weil er es ein interessantes Detail in meinem Leben fand. Es kam, wie es kommen musste, und irgendein Umweltschützer hat mich deswegen beim Umweltamt der Stadt Bochum angezeigt. Nachdem ich dem Umweltamt per GPX-Koordinaten angezeigt hatte, an welcher Stelle ich einen abgestorbenen und umgefallenen Baum durchgesägt hatte, ist die Sache aber einfach eingeschlafen.

Komisch, das war nicht das erste Mal, dass ein Limpinsel eine Anzeige wegen einer Mediengeschichte bekam. Irgendwann hatte mein Vater nämlich mal einen Leserbrief an die *Westfalenpost* geschrieben, dass die Stadt Hagen für eine bessere Müllabfuhr sorgen müsse. Denn er hätte letztens seine Fensterrahmen gestrichen, und am nächsten Tag wären um die 300 Fliegen in der frischen Farbe verreckt. Daraufhin bekam mein Vater eine Anzeige von einer militanten Tierschützerin.

Apropos, die Fliegenmade und der Notarzt, eine sehr schwierige Beziehung. Ich bin ja in meinem Studium auch im Notarztwagen mitgefahren. Die ungekrönte Königin der Fliegenmaden war eine ältere Dame, die sich 52 Jahre lang zu ihrem Mann ins Ehebett kuschelte. Dummerweise war ihr Gatte in eben diesem Ehebett circa ein Jahr zuvor verstorben. Aus irgendwelchen Gründen lugte ein Arm der Leiche in die Luft. Dieser Arm war völlig skelettiert. Ebenso war alles knöchern abgenagt, was oberhalb der Zudecke lag. Sein Gesicht, die Rippen. Unter der Bettdecke tummelten sich etwa 250000 Fliegenmaden und ein Rest an verwester Menschenmasse und irgendwelche Leichenflüssigkeit. Der Gestank war bestialisch. Ich habe zwar nicht gekotzt, aber mein Mageninhalt hat es mindestens bis zum Kehlkopf geschafft. Leichengeruch ist der schlimmste und stärkste Geruch, den es auf Erden gibt. Glücklicherweise ist er in Deutschland selten zu riechen. In südlichen Ländern kann man als Radfahrer öfters in seinen Bann gezogen werden, denn der Südländer räumt tote Tiere nicht aus dem Straßengraben. Und egal, ob Hund, Fuchs, Reh oder Mensch – tot riechen sie alle gleich. Nur das Huhn nicht. Ein totes Huhn riecht nach Huhn. Immer noch.

Mein lieber Vater und andere Verwandte

16

Mein Vater ist einer dieser Menschen, die 45 Jahre im komplett falschen Beruf geschachert haben. Witzigerweise gab es davon bei der *Deutschen Bundesbahn* offensichtlich gar nicht wenige. Er hat bei der *Deutschen Bundesbahn* nur deswegen angefangen, weil sie ihm einen sicheren Arbeitsplatz bot. Mein Vater hasste das Bahnfahren wie die Pest. Er hätte zeitlebens umsonst 1. Klasse fahren können und hat dies nie getan. Auch als Pensionär kam er locker auf 15000 Jahreskilometer in seinem Auto. Als mein Vater noch rauchte, ist er mit dem Auto die 60 Meter bis zum Zigarettenautomaten gefahren. Er liebte halt das Autofahren und sein Auto. Wahrscheinlich sind mein Bruder und ich deswegen ebenfalls dem Auto wohlgesonnene Fahrer geworden. Also nicht in dem Sinne, dass wir uns auf Teufel komm raus alle neun Monate einen neuen Ferrari oder Porsche vor die Tür stellen müssen und dafür malochen gehen. Nein, sowohl mein Bruder als auch ich fahren mit Vorliebe Secondhand-Autos. Das hat mein Vater allerdings auch Zeit seines Lebens getan. Ich, Mambo Kurt, bin der erste Mensch der Familie Limpinsel, der sich einmal einen Neuwagen gekauft hat. Und selbst das war kein richtiger Neuwagen. Denn meinen letzten Tourbus habe ich 2016 gekauft und er war ein sogenannter Re-Import. Mein Kleinbus (französisches Modell, aber mit italienischen Logos drauf) stammt aus Ungarn und ist dort vom Händler als Tageszulassung (aber ohne Kilometerleistung) verkauft worden. Lustigerweise muss der Wagen wohl vorher vom Hersteller nach Spanien ausgeliefert worden sein. Denn sämtliche Sprachinformationen im Cockpit sind in spanischer Sprache (das lässt sich auch nicht ändern). Die italienische Autofirma hat 2016 zur Einführung dieses Modells eine Produktoffensive gestartet. Deswegen war dieser Wagen damals unverschämt billig. Da haben dann sehr viele Musiker zugeschlagen. Denn das Auto ist groß, leise und sparsam. Aber es hat keinerlei Image. Alle deutschen Familien, die ich kenne, haben letzten Endes doch einen deutschen Premium-Kleinbus gekauft und locker das Dreifache bezahlt – obwohl ich immer von meinem Auto schwärme. Auf der *Kieler Woche* im Jahr 2017 standen auf dem Artist-Parkplatz fünf baugleiche Kleinbusse wie meiner. Alle silbern. Die anderen Musiker waren sogar noch kostenbewusster als ich. Denn mein Kleinbus hat wenigstens Optik-Paket-3 und das bedeutet, dass die Stoßstangen in der Wagenfarbe lackiert sind.

Nein, Limpinsels wollen nicht protzen mit ihren Autos. Es geht um das Autofahren an sich. Im Auto können wir entspannen. In den 1970ern war die latent dysfunktionale Familie Limpinsel eigentlich nur dann im Lot, wenn es zusammen im Kfz in den Urlaub ging. Der Wecker klingelte um 3:30 Uhr in der Früh, denn mein Vater liebte es, vor dem Ferien-Stau am Chiemsee einzurollen. (Dazu muss man wissen, dass es in den 1970ern genau zwei Reisetage für die Familien gab: den ersten Samstag in den großen Ferien und den mittleren Samstag in diesen sechs Wochen; niemand urlaubte in Woche 2–4 oder 3–5.) Und so ein Schnickschnack wie »die Schule fängt erst am Mittwoch wieder an« war nur ein feuchter Traum fauler Pädagogen. Meine Mutter hatte bei der langen Autoreise immer was zu essen auf Lager und durchgängig den *Shell*-Autoatlas auf den Knien. Im Gegensatz zur These des Bestsellerbuches »Why Men Don't Listen and Women Can't Read Maps« brauchte meine Mutter den Atlas nicht ständig in Fahrtrichtung zu drehen. Meine Mutter konnte räumlich denken. Jahrzehntelang dachte ich, meine Mutter hätte den Atlas zu ihrer eigenen Beruhigung gebraucht. Doch diese Einschätzung war falsch und ich bemerkte dies erst im Jahr 2013. Ich urlaubte mit meinem Vater und seiner neuen Lebensgefährtin (meine Mutter war 2011 an einem Herzinfarkt verstorben) auf Gran Canaria. Ich radelte mit einem Leih-MTB über die Schotterstraßen der Berge und mein Vater kutschierte seine neue Flamme in einem Mietwagen herum. Jeden Abend sind wir zusammen ein paar Kilometer vom Hotel zu einem Restaurant gefahren. Natürlich im PKW. Die Geografie war maximal übersichtlich. Hotel und Restaurant lagen jeweils am Strand. Dazwischen ging es nur geradeaus. Auf der einen Seite war das Meer und auf der anderen Seite die Berge. Auf dem Hinweg war das Meer links und die Berge rechts. Zurück war es andersherum. In exakt der Mitte der Fahrstrecke gab es einen Kreisverkehr an einer Tankstelle. Hier zweigte eine Straße hoch in die Berge ab. Mein Vater wollte bei jeder Fahrt (sieben Tage à Hin- und Rückfahrt, also bei 14 Fahrten) in die Berge abbiegen. Da wurde mir nach 40 Jahren plötzlich klar, dass der Atlas auf den Knien meiner Mutter dort immer nur für meinen Vater gelegen hatte. Mein Vater ist die Anti-Brieftaube. Mein Vater hätte sich nie merken können, dass der Weg zum Chiemsee über Frankfurt, Würzburg, Nürnberg und München führt. Sonst hätte er nicht dutzende Male meine Mutter gefragt: »Hier jetzt Richtung Würzburg?«

Das Autofahren hatte für meinen Vater solch einen großen Stellenwert, dass ich es am besten mit einem kleinen Gleichnis erkläre. Nehmen wir mal an, mein Bruder und ich wären kriminell geworden. Dann hätte mein Vater gesagt: »Ihr Blödmänner, selbst schuld, dass ihr im Knast sitzt, aber ich liebe euch trotzdem und werde euch besuchen.« Oder wenn mein Bruder und ich Neonazis geworden wären, hätte er gesagt: »Oh nein, bitte keine Nazis. Die habe ich als Kind noch live mitbekommen. Ich hasse bis heute Menschen in langen Ledermänteln. Aber ihr seid meine Söhne und ich liebe euch trotzdem. Aber bitte lasst euch keine Hakenkreuz-Tätowierungen stechen.« Doch wenn mein Bruder oder ich das Autofahren nicht gemocht oder (noch schlimmer) nicht gekonnt hätten – das wäre für meinen Vater die absolute Höchststrafe gewesen. Autofahren war meinem Vater heilig. Sicherlich basierte die Autoliebe meines Vaters in großen Teilen darauf, dass er meine Mutter in den Sechzigerjahren nur deshalb klarmachen konnte, weil er einen Lloyd 400 sein eigen nannte. Denn im Februar des Jahres 1962 sah mein Vater zum ersten Mal meine Mutter und war sofort schockverliebt. Er hat meine Mutter direkt angesprochen und auf einen Kaffee eingeladen. Diese Szene fand oben auf dem Goldberg in Hagen statt. Meine Mutter wohnte nämlich unten in Oberhagen am Fuße der 266 Meter hohen Erhebung und war mit ihrer Freundin zu einem Spaziergang in die Winterfrische aufgebrochen. Aber meine Mutter hat damals »nein« gesagt. Denn mein Vater war auf Langlaufskiern unterwegs. Er war von der Hestert in Hagen-Haspe über den Drei-Türme-Weg zum Goldberg aufgebrochen. Vier Monate später traf mein Vater meine Mutter nochmals zufällig. Da war er jedoch in seinem Lloyd 400 mit Leopardenfell-Sitzen unterwegs. Er hat meine Mutter gefragt, ob sie nicht einsteigen will. Da hat meine Mutter dann »ja« gesagt. Bis heute schweigt mein Vater hartnäckig zu meiner Frage, ob er damals absichtlich so lange in Oberhagen umhergefahren ist, bis er irgendwann meine Mutter zum zweiten Mal traf.

Mein Vater war immer konservativ, aber definitiv nicht rechts. Vielleicht kam das von seinen Eltern. Denn die waren auch so. Die Eltern meines Vaters hießen Heinrich und Änne. Beide waren streng gläubige Katholiken. Es gab während der Naziherrschaft einen großen Unmut unter echten Katholiken. Echten Katholiken ging allein schon die Tatsache auf den Sack, dass sie nicht mehr mit »Grüß Gott«, sondern mit »Heil Hitler« ihr Gegenüber zu begrüßen hatten. Manchmal sind es winzige Details, die über den weiteren Lebenslauf eines Menschen entscheiden. Und immer »Heil Hitler« sagen zu müssen, hat meine Großeltern in eine ganz sanfte Form von Resistance getrieben, obwohl sie absolut bürgerlich bis konservativ waren. Bei meinem Opa oder meiner Oma von Untergrundkämpfern oder Widerstand zu sprechen, ist mit Sicherheit viel zu hoch gegriffen. Sie waren ganz normale brave Bürger. Opa Heinrich war bei der Hasper-Hütte im Stahlwerk als Meister angestellt, Oma Änne war Hausfrau. Mein Vater hat immer erzählt, dass seine Eltern während der ganzen zwölf Jahre des tausendjährigen Reiches nicht einmal »Heil Hitler« gesagt haben. »Grüß Gott« haben sie aber auch nie gesagt, denn wir sind Westfalen, keine Bayern. Meine Großeltern haben immer »Guten Tag« gesagt. Jedes Haus musste während der Nazidiktatur mit einem Flaggenhalter ausgestattet werden. Bei unserem Haus ist dies ein kleines Röhrchen im Fensterbrett oberhalb der Eingangstür, das kann man heute noch sehen. Da sollte damals – wenn Adolf Geburtstag hatte oder bei sonst irgendwelchen feierlichen Anlässen – die Hakenkreuzfahne reingesteckt werden. In dem Flaggenhalter an unserem Haus steckte diese Fahne nie. Die politische Subversivität meiner Großeltern erschöpfte sich in folgender Aktion, aus der kein Tarantino auf dieser Welt einen anständigen Thriller konstruieren könnte: Im Winter 1943 kam spät am Abend der Pastor aus der katholischen Kirche in Hagen-Haspe zum Haus meiner Großeltern gelaufen, denn er hatte gehört, dass es am nächsten Morgen eine Razzia der SA geben sollte. Und es existierten wohl irgendwelche katholischen Flugblätter, die bei einer entsprechenden politischen Falschauslegung Probleme bereiten würden. Meine Oma hatte ebenso wie der Pastor einen Stapel davon im Keller. Meine Großeltern haben die Zettel verbrannt. Die angekündigte Razzia kam jedoch gar nicht, wenigstens nicht ins Haus meiner Großeltern.

Spannend kann man das alles nicht nennen, aber das ist das Prinzip der menschlichen Gesellschaft an sich. Kein Mensch will spannend leben. Langeweile ist das oberste Gebot menschlicher Gesellschaftsformen. Wenn man den Lauf der Geschichte über die Jahrtausende betrachtet, überleben immer die Gesellschaften, in denen das Leben am langweiligsten, also am besten organisiert ist. Ein schönes Beispiel hierfür ist China. Der Chinese neigt seit Menschengedenken dazu, auf allen Dingen ganz korrekt alle Personen zu vermerken, die an der Entstehung beteiligt waren. Auf wunderschönen, uralten Porzellantassen finden wir somit den Beweis, dass drei Menschen die Tasse hergestellt haben. Dies waren der Töpfer, der Maler und der Brennmeister; alle werden namentlich genannt. Die nachfolgende Qualitätskontrolle, die im Mittelalter sicherlich noch nicht Qualitätskontrolle geheißen hat, wurde hingegen von fünf Menschen durchgeführt. Kleiner Kontrolleur, mittlerer Kontrolleur, großer Kontrolleur, kleiner Chef und großer Chef. China hatte immer schon einen völlig aufgeblähten Behördenapparat, doch letztlich alle anderen großen Reiche locker überlebt. Der heute so populäre Ruf nach weniger Bürokratie ist im großen Kontext also falsch.

Immerhin kann ich von meinen Großeltern die Geschichte mit den Flugblättern erzählen und muss nicht das aufschreiben, was ich schreiben müsste, wenn ich nur ein paar Häuser weiter in meiner Straße aufgewachsen wäre. Natürlich wohnten in unserer Straße auch zwei stramme Nazis. Die beiden zogen eines Tages los in den Hasper Stadtwald oberhalb unserer Siedlung, da dort eine englische Spitfire abgestürzt war, die von der Flak auf dem Goldberg am anderen Ende des Tales getroffen worden war. Die beiden Nazis wollten sehen, ob der Pilot noch lebte. Wenn ja, gedachten sie ihn in seinem Cockpit zu erschießen. Ich glaube, der Pilot war schon tot, auf jeden Fall wurde in der Straße nie erzählt, dass die beiden den Engländer wirklich abgeknallt hatten. Am nächsten Morgen gingen die beiden ganz normal ihrem bürgerlichen Job nach. Wir tun heute immer so, als wären alle Nazis damals generell Monster gewesen.

Aber das stimmt natürlich nicht. Ganz im Gegenteil: Wären alle Nazis Monster gewesen, wäre die Sache viel einfacher zu verhindern gewesen. Wie alles im Leben schleichen sich auch die ganz großen Irrtümer der Menschheit erst einmal klein und unscheinbar an. Bis heute weiß ich nicht, ob die Generation meiner Großeltern gewusst hat, was Adolf mit den Juden wirklich gemacht hat. Ich glaube, sie müssen irgendwas geahnt haben. Darüber geredet haben sie nie, auch nicht auf Nachfrage. Denn irgendwann hat die Diktatur der Nationalsozialisten eine solche Macht auf die Gesellschaft ausgeübt, dass alle Menschen nur noch in Angst gelebt haben. Schon eine falsche Bemerkung über Adolfs Nase konnte jemanden ins Gefängnis bringen, wo Folter und Ermordung warteten. Da sagte man lieber nichts mehr. Diese Einstellung hat diese Generation bis ins Grab beibehalten. Nur wenn man extrem bekannt war – ungefähr so wie heute Mario Barth – dann konnte man in der Öffentlichkeit eventuell einen kleinen Witz über den Führer oder den Nationalsozialismus machen.

Ich denke hier an Karl Valentin, der während der Nazijahre folgenden Kracher rausgehauen hat: »Gut, dass unser Führer nicht ›Kräuter‹ mit Nachnamen heißt, stellen Sie sich das einmal vor: Heil … äh, Heil …«

Überhaupt, die Generation meiner Großeltern – alles Menschen, die um 1897–1917 geboren wurden – was haben die für eine Scheiße in ihrem Leben erlebt? Erster Weltkrieg, Zweiter Weltkrieg, Inflationen, Angst und Hunger. In meiner Familie haben ausnahmslos alle Menschen den Zweiten Weltkrieg überlebt. Die Männer sind als Soldaten in den Krieg gezogen und alle sind lebend nach Hause zurückgekommen. Alle Frauen und Kinder haben die Bombennächte an der Heimatfront überstanden, sogar die Besitztümer der Familie blieben unbeschädigt. Das war natürlich einfach Glück, denn in unserer Straße gab es nicht ein unbeschädigtes Haus, außer dem meines Großvaters. Einmal ist eine amerikanische Fliegerbombe direkt in den Schweinestall des Nachbarn eingeschlagen, sodass auf dem Haus meines Opas zahllose tote Schweine und deren körperliche Einzelteile lagen. Aber das war's. Das Haus meines Opas hat den Zweiten Weltkrieg völlig unversehrt überstanden. Deswegen zog auch nach Ende des Krieges der amerikanische Kommandant der Stadt Haspe in unser Haus ein, und meine Großeltern plus Papa mussten einige Zeit im Keller leben.

Mein Vater war Zeit seines Lebens nicht so wirklich der Cowboy-Typ. Er ist mehr so der Ich-brauche-eine-starke-Frau-und-die-sagt-mir-was-ich-tun-soll-und-ansonsten-laufe-ich-einfach-hinter-dieser-Frau-durch-die-Stadt-Typ. In meiner Mutter hatte er dahingehend ein Paradebeispiel gefunden. Denn meine Mutter hatte in unserer Familie zu 100 Prozent das Sagen. Ging es für uns Kinder um Weihnachtsgeschenke von der ganz teuren Art, brauchten wir nur die Mama zu fragen. Wenn diese sagte »mal schauen«, dann war klar, dass das Christkind die Geschenke brachte. Egal, was der Vater lautstark beim Abendessen über dasselbe Thema schwadronierte.

Ein fester Termin war der Familien-Sonntag bei Oma und Opa – den Schwiegereltern meines Vaters. Jedes Mal spielten wir Rommé, immer hat mein Opa gewonnen, meist mit »Hand«. Opa hat sich mit Vater jeden Sonntag über politische Themen bis aufs Blut gestritten. Denn mein Vater war strammer CDU-Wähler. Mein Opa war dagegen ein verkappter Kommunist. Das gab schon mal generell Zoff. Und mein Vater hatte die unangenehme Eigenschaft, dass er den Wert von Geld bzw. Arbeitslohn nicht richtig einschätzen konnte. Es kann sein, dass Papa in ganz jungen Jahren als Lehrling wirklich einmal etwas knapp bei Kasse war. Aber jedem Menschen ist klar, dass Beamte im gehobenen Dienst immer gutes Geld in ihrem Leben verdienen werden und vor allen Dingen als Pensionäre dann wirklich im Geld schwimmen. Doch mein Vater hat Zeit seines Lebens immer nur gesagt »Ich habe kein Geld, ich bin arm«, oder »Mein Beamtenlohn ist gerecht, denn mein Job ist so scheiße«. Das führte dazu, dass er auf Familienfeiern von den Bauern und Arbeitern in der Verwandtschaft fast was aufs Maul bekommen hätte. Dass er immer mit einem relativ neuen BMW vorfuhr und die anderen eher im Opel Kadett, hat Papa auch nie gejuckt.

Ach ja, und jeden Sonntag saß Familie Limpinsel nach dem Besuch bei den Eltern meiner Mutter im Auto und jedes Mal sagte mein Vater: »Helga, nächste Woche fahre ich auf keinen Fall zu deinen Eltern!« Unnötig zu sagen, dass wir nächste Woche doch wieder da waren. Ich glaube, deswegen tue ich, was ich sage, und kann sehr konsequent sein. Danke Papa.

Warum erzähle ich das alles? Weil ich jahrelang unterschätzt habe, wie sehr mein Vater Einfluss auf meinen Lebenslauf hatte. Zunächst einmal bin ich ihm schlicht und ergreifend dafür dankbar, dass meine Schultern breiter sind als mein Arsch. Auf der anderen Seite habe ich von ihm meine Veranlagung für Diabetes und muss mit der Tatsache leben, dass sich bei mir (wie bei allen männlichen

Limpinsels) das Körperfett rund um den Bauchnabel ansammelt. Außerdem ist mein Vater ein begeisterter Autofahrer, liebt das Arbeiten in seinem Bastelkeller und steht auf schöne Frauen. Das alles hat er mir auch vererbt bzw. beigebracht. Und mein Vater war immer ein nervöses Hemd. Hättet ihr meine Eltern in den Achtzigern oder Neunzigern kennengelernt, dann hättet ihr all euer Geld darauf verwettet, dass meine Mutter älter wird als mein Vater. Denn meine Mutter ruhte in sich selbst und mein Vater war immer so nervös, geraucht hatte er früher ja auch. Das Schicksal wollte es dann aber anders. Meine Mutter ist mit 72 Jahren an einem Herzinfarkt verstorben, weil sie sich nie um ihren hohen Blutdruck gekümmert hat. Mein Vater hat mittlerweile sein 86. Lebensjahr erreicht.

Das Wichtigste ist aber wohl, dass ich alles, was an mir lustig ist, von meinem Vater geerbt habe. Manche Leute lachen ja schon, wenn ich nur die Bühne betrete. Einfach, weil ich so komisch gehe und so putzig meine Arme bewege. Das habe ich aber 1:1 von meinem Vater geerbt.

Und mein Vater liebt die Musik. Mein Vater hat mich zur Orgelschule quer durch die Stadt kutschiert und mir 1985 meinen ersten sündteuren Synthesizer geschenkt. Er selbst ist nicht wirklich musikalisch. (Mein Vater hört keine »Eins« und wäre im Tangokurs kläglich untergegangen.) Aber bis heute ist es das Schönste für ihn, wenn er singen kann. Weihnachten fordert Papa immer vehement Weihnachtslieder-Zugaben, wenn der Rest der Familie eigentlich schon keinen Bock mehr auf Performance hat. Ich will meinen Vater hier keinesfalls als totales Weichei rüberkommen lassen. Er hat mir einen schönen Bartwuchs vererbt, fuhr bis vor Kurzem

Motorrad und hat einen LKW-Führerschein. Papa konnte stundenlang mit der Schrubbscheibe rumflexen und sein Gesicht in den Funkenregen halten, wenn es die Körperhaltung erforderte. Er kann gut elektrodenschweißen; ich kann das gar nicht, obwohl ich es mehrmals versucht habe. Die Dachrinne seines Hauses hat Papa bis vor Kurzem höchstselbst in luftiger Höhe gereinigt, indem er da reingeklettert ist. Vater hat sich 1977 ein Surfbrett gekauft und cruiste in den Sommerurlauben ohne mit der Wimper zu zucken durch den dicksten Wasserpflanzen-Teppich im Chiemsee. Er fuhr Ski (bis in die frühen 90er-Jahre übrigens mit alten Holz-Skiern und Leder-Skischuhen). Und Vater hat nie lange rumgefackelt, wenn sich eine Ratte in seiner Gartenbude einnisten wollte. Dann ist er mit dem Spaten hinterher und hat das Tier erschlagen.

Ich werte es keinesfalls als ein Zeichen erstrebenswerter Männlichkeit, wenn man eine Ratte erschlagen kann. Aber ich kenne in der Tat nur Männer, die solche Jobs tun müssen bzw. können. Ich selbst könnte es jedenfalls nicht. Das weiß ich definitiv seit dem Sommer 2016. Denn damals beschloss eine dicke Ratte, dass sie sich im undurchdringlichen Grünzeugs-Dschungel längs des Zaunes zum Nachbarn sehr wohlfühlen würde. Natürlich kenne ich die alte Regel »Wo eine Ratte ist, da sind eigentlich zehn Ratten«. Aber ich hatte Glück. Bei mir im Garten nistete sich tatsächlich nur eine einzelne Ratte ein. Ich wollte dieses Tier sofort loswerden, aber meine Frau meinte, dass das doch alles nicht so schlimm sei und ich die Ratte in Ruhe lassen solle. Meine Frau änderte ihre Meinung erst, als diese Ratte sich wirklich sehr heimisch in unserem Garten und auf unserer Terrasse fühlte. Wenn wir auf der Terrasse saßen, kam das Tier regelmäßig an und schaute, ob es irgendetwas zu beißen ergattern konnte. Und es war eine große, alte und hässliche Ratte. Auch meiner Frau wurde das irgendwann zu viel und die Ratte sollte verschwinden. Also bekam ich den Auftrag, im Baumarkt eine Lebendfalle für Ratten zu kaufen. Doch unsere Ratte war viel zu schlau und hat diese Lebendfalle einfach links liegen gelassen. Ab diesem Moment habe ich die Sache sportlich gesehen. Mir waren Kosten und Mühen egal, die mich beherrschende Frage lautete nur noch »Die Ratte oder ich?«. Also habe ich mir bei YouTube alle möglichen Tutorials angeschaut, die Rattenfallen zum Inhalt hatten. Eine Methode versprach bei YouTube ganz besonders großen Erfolg: Man spießt eine leere Getränkedose so auf einen Stab, dass sich die Dose gut drehen kann in der Längsachse. Auf die Dose schmiert man etwas Erdnussbutter und dann legt man den Dosenstab auf einen Eimer, der mit Wasser gefüllt ist. Die hungrige Ratte würde dann die Dose erklimmen, ins Rotieren kommen und in den wassergefüllten Eimer fallen. Schwupps, wäre die Ratte lebend gefangen. Leider hat das überhaupt gar nicht funktioniert. Der Stab hatte zu viel Widerstand und somit konnte meine Ratte in aller Ruhe sämtliche Erdnussbutter abschlecken, bevor sie auch nur im Ansatz das Gleichgewicht verlor. Also habe ich meinen Stab an beiden Enden mit Kugellagern ausgestattet. In der Tat fiel die Ratte jetzt andauernd herunter, doch sie dachte überhaupt nicht daran im Eimer zu landen. Selbst wenn die Ratte sich im freien Fall Richtung Eimer befand, hat sie es durch einen massiven Einsatz ihres langen Schwanzes geschafft, ihren Fall zur Seite abzulenken. Also habe ich mir von meiner Nachbarstochter das Planschbecken ausgeliehen und die Lebendfalle optimiert. Ein Holzbrett führte zu einer langen Stange, welche an beiden Seiten mit fernsteuerbaren Elektromagneten befestigt war. Darunter lauerte 1,5 Quadratmeter Wasseroberfläche und ich saß in sicherer Entfernung bei einer Flasche Weißwein und hatte die Schalter für die Magnete in der Hand. Doch die Ratte ist ab diesem Moment nicht einmal mehr auf den Stab gegangen. Schlaue Ratte. Also habe ich mir in den Tagen darauf ein Luftgewehr gekauft. Ich war fest entschlossen, die Ratte wie ein Großwildjäger zu erledigen. Es dauerte sehr lange, bis die Ratte ihren Gartenzaun-Dschungel neuerlich verlies (ich hatte mittlerweile fast eine weitere Flasche Weißwein ausgetrunken), doch ich konnte das Tier einfach nicht abknallen. Also habe ich die Technik des »Rattenangelns« erfunden. Ich habe aus langen Holzlatten ein Gestell gebaut. Unter diesem Gestell baumelte an einer langen Leine ein Wäschekorb aus Metall, den ich innen mit engmaschigem Kaninchenzaun ausgekleidet hatte. Ein paar Meter entfernt saß ich mit einer neuerlichen Flasche Weißwein und hatte das Ende der Leine in meiner Hand. Es dauerte nicht lange und meine Ratte tauchte direkt unter dem baumelnden Wäschekorb auf. Kein Wunder, hatte ich doch ihre Lieblingsnahrung – ein Stück Salamipizza – zentral in der Falle deponiert. Ich ließ die Leine los und der Wäschekorb sauste hinab. Doch die Ratte war mittlerweile mit ihrer Beute abgehauen. Diese Ratte war also nicht nur schlau, groß, alt und hässlich. Nein, sie war auch unfassbar schnell. Die Massenträgheit des schweren Wäschekorbes hatte ihr genügend Zeit verschafft, dass sie fliehen konnte.

Also habe ich das nächste Stück Pizza mit einer langen Schraube zwischen den Steinplatten meiner Terrasse verschraubt. Beim zweiten Versuch klappte alles so, wie ich es mir vorgestellt hatte. Die Ratte war in meinem Wäschekorb gefangen. Mein Opa hatte mir immer erzählt, dass Ratten einen Menschen anspringen, wenn sie in die Enge getrieben werden. Das hatte ich meinem Opa nie geglaubt. Denn alle Ratten, die ich jemals in meinem Leben gesehen hatte, waren immer sehr scheu und sind immer stiften gegangen, wenn eine minimale Gefahr aufkam. Doch meine Ratte verhielt sich im Wäschekorb tatsächlich wie ein Zombie aus »28 Days Later« und tobte wie von allen guten Geistern verlassen im Wäschekorb umher. Da fiel mir ein, dass ich keinen Plan hatte, wie ich die gefangene Ratte vom Grundstück bekommen konnte. Ich beschloss, ein Sperrholzbrett unter den Wäschekorb zu schieben. Doch ich konnte nur bis zur Schraube schieben, welche bis vor Kurzem die Pizza hielt. Das alles geschah, während sich im Korb die Ratte wie ein Dämon aufführte. Hätte ich den Korb nur etwas gelupft, wäre die Ratte mit Sicherheit ausgebüxt. Kaum 30 Minuten später hatte ich Sperrholzbrett und Wäschekorb dennoch mit einem Spanngurt zu einer transportablen Einheit hochgejazzt. Ich bin mit meinem unerwünschten Haustier dann etwas auf der Bochumer Stadtautobahn entlanggefahren und habe das Tier in einem Industriegebiet freigelassen.

Mein Vater kann für einen Mann unfassbar viel labern. Meine Mutter plapperte ja sowieso in einem durch. Ich bin das erstgeborene Kind der beiden und vielleicht kann auch ich deswegen so viel labern. Ich musste gegen die beiden anlabern. Mein jüngerer Bruder hingegen redet gar nicht so viel. Wahrscheinlich nur, weil er damals in eine Familie mit drei plappernden Menschen hineingeboren wurde. Schon seit 2013 diktiere ich alle meine Bücher lediglich in den Computer, dem Spracheingabeprogramm sei Dank. Der Verlag meiner ersten Autobiografie hat mir damals einen schönen Vorschuss gezahlt. Das hätte er bestimmt nicht getan, wenn er gewusst hätte, dass ich bei einem Mountainbike-Urlaub auf Gran Canaria innerhalb von fünf Abenden das ganze Buch fertig hatte. Heute gibt es keine schönen Vorschüsse mehr bei den Verlagen. Aber schon seit geraumer Zeit sind mir die Finanzen vollkommen gleichgültig. Heute tue ich nur noch das, was mir Spaß macht. Und was will man mehr, als den zweiten Teil seiner eigenen Autobiografie zu verfassen? Insofern glaube ich tatsächlich, dass ich unbewusst den Künstler-Traum meiner Eltern lebe. Obwohl wahrscheinlich noch nicht mal meine Eltern wussten, dass sie diesen Traum überhaupt in sich trugen. Nun gut, bei meiner Mutter war das schon irgendwie offensichtlich. Hätte man Mama gelassen, wie sie wollte, dann wäre sie ein Superstar jenseits von Mariah Carey und *Beyoncé* geworden. Hübsch genug war sie, verrückt genug auch. Doch sie hatte leider nicht die Nerven, um in die Öffentlichkeit zu gehen. Bei meinem Vater war die Sache hingegen latenter. Er schien alle Jahre vollkommen zufrieden mit seinem Beamtenleben, seinem Haus und seinem Kegelclub. Aber es sind so Kleinigkeiten, die Kinder manchmal auf komische Gedanken bringen. Im Jahr 1979 war meine Familie auf einer Hochzeit und irgendjemand hat auf dieser Hochzeit eine Rede gehalten. Auf der Rückfahrt meinte mein Vater: »Der

Horst konnte aber gut reden.« Und meine Mutter antwortete: »Ja, aber dafür muss man sich auf eine Bühne stellen.« Und er: »Das könnte ich nicht.«

Mein Bremsassistent hat Brüste

17

Um den Jahreswechsel 2008/2009 habe ich beschlossen, dass ich für die nächste Zeit mal deutlich ruhiger werden müsste – mein Blutzucker würde es mir danken. Vor allen Dingen wollte ich nicht mehr so oft selbst am Steuer sitzen. Also brauchte ich einen Fahrer. Ebenso brauchte ich natürlich ein neues und größeres Auto. Denn mein geliebter Opel Omega Kombi war mit mir, der Orgel und dem ganzen Pröttel natürlich immer bis zur Dachkante vollgepackt gewesen. Ich kaufe eigentlich gerne gebrauchte Autos, ich kann das ganz gut. Ich gehe dabei immer nach einem einfachen Prinzip vor. Ich sehe mir im Internet die Anzeigen an, suche drei passende Annoncen raus und schaue mir diese drei Autos vor Ort an. Dann kaufe ich das beste Auto. Mein Bauchgefühl entscheidet dabei. Mit dieser Vorgehensweise bin ich in den fast 40 Jahren meiner aktiven Autofahrertätigkeit noch nicht einmal schlecht gefahren. Ich entschied mich Ende 2008 für einen blauen Kia Carnival mit Dieselmotor und Lederausstattung. Das ist ein sogenannter Familienvan. Ein großes und günstiges Auto. Da ich auf keinen Fall Bock auf irgendwelchen Stress mit Junkies und Autodieben hatte, beschloss ich, dass der Kia hinten eine Art fahrender Panzerschrank werden müsste. Mir war klar, dass ich dieses Auto spätestens in zwei Jahren zum Schrott geben würde, und ich habe mich deshalb für einen Panzerschrank im Getto-Style entschieden. Ich habe die hintere Ladefläche einfach mit dicken Sperrholzplatten an den Fenstern zugeschraubt und zusätzlich eine Trennwand aus dickem Sperrholz eingebaut. Schön mit Spax-Schrauben in die Karosserie. Nun war mein Sportsgeist geweckt. Ich wollte ein zweites Schloss an der Heckklappe anbringen. Also habe ich mir im Internet ein echtes Tresorschloss besorgt und für das Schlüsselloch einfach ein Loch neben dem Nummernschild gebohrt. Mein Masterplan war in diesen Details ganz hervorragend ausgereift. Der Panzerschrank an sich war bombe. Leider hatte ich vergessen, die Ladefläche des Kia wirklich komplett auszumessen. Beim ersten Einlegen der Orgel stellte sich heraus, dass die Koreaner die Radkästen doch sehr weit in den Innenraum hineinragen lassen. Meine Orgel passte nicht hinein. Und zwar genau um zwei Zentimeter nicht. Ich habe also den großen Vorschlaghammer aus dem Keller geholt und mit roher Gewalt den Kia passend bearbeitet.

Gleichzeitig habe ich allen meinen Freunden und Bekannten gesagt, dass ich einen Fahrerjob zu vergeben hätte. Sehr schnell meldete sich der Gitarrist von der Kapelle mit der weißen Orgel. Ich solle mal seine Exfreundin anrufen. Die würde echt gut Auto fahren und hätte bestimmt Bock auf so was. Also habe ich Mari angerufen. Mari war damals Sportstudentin in Bochum und konnte sich ihre Termine ziemlich gut einteilen. Sie hatte Bock darauf und war solo. So habe ich mich im Jahr 2009 von Mari zu jeder Show fahren lassen. Auch wenn die Show nur 500 Meter von meiner

Haustür entfernt lag, wie zum Beispiel bei *Bochum Total* oder beim *Zeltfestival Ruhr*.

Mari ist eine attraktive, lebenslustige Frau. Sie ist elf Jahre jünger als ich. Ich ziehe bis heute meinen Hut davor, dass meine Frau mich anstandslos mit dieser Person hat auf Tour gehen lassen. Doch meine Gattin weiß, dass ich zwar auf große Frauen stehe, aber diese Frauen brauchen zwingend kleine Brüste, um in mir irgendein nachhaltiges Interesse zu wecken. Und so blöd das jetzt klingt: Die Brüste von Mari sind wunderschön, aber mir persönlich zu groß. Und ja: Logischerweise habe ich Mari im Vorfeld gefragt, ob ich dieses Detail in mein Buch schreiben darf.

Natürlich bin ich ein Mann. Natürlich hätte man mich mit Mari nicht länger als eine Woche auf Tour schicken dürfen. Dann hätte ich ganz klar versucht, an sie ranzukommen. Da wir jedoch maximal fünf Tage unterwegs waren, bestand keine Gefahr, dass ich meine Ehe in Gefahr bringen würde. Sehr hilfreich in dieser Konstellation war, dass ich vom Typ her der letzte Mann bin, mit dem Mari ins Bett gehen würde. Wahrscheinlich würde sie vorher sogar lesbisch werden. Ich wusste nach einiger Zeit genau, auf welchen Typ Mann sie steht. Auf mich auf keinen Fall.

Besonders schön an Mari war, dass sie sehr trinkfest war. Und das meine ich rundherum positiv und keinesfalls ironisch. Mari trinkt eigentlich nicht, aber wenn sie mit mir am Wochenende zu den Clubs gefahren ist, dann konnte sie sehr viel trinken. Außerdem hat sie eine angeborene Ausstrahlung, die den umstehenden Männern sagt: »Ich stehe hier, sprich mich an, mit mir kannst du gut Bier trinken.« Deswegen ist Mari auch meine erste Schnapsfee in Wacken geworden. Die Schnapsfee hat die Aufgabe, unter Einhaltung aller hygienischen Vorschriften, die erste Reihe im Zuschauerraum mit Waldmeisterschnaps abzufüllen. Mehrere Kinder toben auf diesem Erdball nur umher, weil sich ihre Eltern zum ersten Mal geküsst haben, nachdem die Schnapsfee sie in Wacken ordentlich abgefüllt hatte.

Der Deal zwischen Mari und mir war völlig simpel. Sie fährt mich bis zum Konzert und ab da hat sie frei und darf trinken und feiern. Das hatte für mich den gesundheitlichen Vorteil, dass ich während und nach der Show nüchtern blieb, weil ich uns beide im Kia ins Hotel fahren musste. Das war mir sehr recht, denn spätestens seit meinem 25. Lebensjahr kann ich einfach nicht mehr so viel saufen, wenn ich Konzerte gebe. Das Musikgeschäft ist bis heute de facto eine männerdominierte Angelegenheit. Deswegen kann man ruhig mal sagen, dass die Veranstalter, Techniker und andere Musiker komplett ausgerastet sind, wenn ich meine hübsche und trinkfeste Fahrerin im Backstage abgeladen hatte. Ja, Mari hat viele Herzen gebrochen. Sie hat mit den Männern aber überhaupt nichts angefangen. Manchmal vielleicht ein bisschen rumgeknutscht, das war es dann aber auch. Mari war immer hoch solide. Eigentlich wollte sie auch nur vom Richtigen weggeheiratet werden. Den gab es sogar im Umfeld des *W:O:A*, doch der hat es leider verbaselt. Ich bin im Jahr 2010 für viele Festivals gebucht worden, nur weil ich 2009 auf ebendiesen Festivals mit Mari aufgetaucht war. Es ist 2009 sehr oft vorgekommen, dass ich nach Beendigung meiner Show die Bühnentreppe herunterkam und Mari stand dort mit dem Veranstalter oder/und dem Moderator und hatte mit diesen Männern all den Wodka-O aus meinem Kia ausgetrunken. Denn natürlich hatte ich für Mari eine gute Kühlbox mit Kompressortechnik im Auto installiert. Diese Art der Mitarbeiter-Motivation nannten Mari und ich immer Inhouse-Promotion. Mari war so zuverlässig, dass sie abends im Club regelmäßig zu mir kam und meinte: »Mambo, wenn ich jetzt noch weiter Inhouse-Promotion machen soll, dann musst du morgen fahren!«

Hatte Mari in diesem Moment zum Beispiel dem alteingesessenen Resident-DJ eines Rock-'n'-Roll-Clubs bereits seine Haare zu Zöpfchen geflochten, dann habe ich natürlich gesagt: »Mari, mach du weiter Inhouse-Promotion. Ich fahre morgen das Auto.«

Im *Flowerpower* in Leipzig eskalierte die Sache mit der Inhouse-Promotion dermaßen, dass ich bei der morgendlichen Weiterfahrt im Kia 90 Minuten brauchte, um zu verstehen, auf welche Art und Weise Mari ihre langen Beine im Fußraum zusammengefaltet hatte. Denn sie hatte den Beifahrersitz ganz nach hinten geschoben und lag wie ein menschliches Mikado-Stäbchen komplett im Fußraum.

In den ersten drei Monaten auf Tour war Mari noch zu gutgläubig. Ich meine damit, dass ich sie mehrmals aus den VIP-Bereichen irgendwelcher Heavy-Metal-Festivals gezogen habe, weil bereits ein Chefredakteur eines bekannten Heavy-Metal-Magazins und der Leadgitarrist einer bekannten Heavy-Metal-Gruppe synchron unter ihrer Jacke und auf ihrem T-Shirt ihren Rücken massierten. Mari hat sich dabei einfach nichts gedacht. Sie ist halt eine Partymaschine. Ich bin in so einem Fall zu ihr hingegangen und habe gesagt: »Mari, wenn du gleich nicht ficken willst, dann kommst du jetzt besser mit mir ins Hotel. Das ist kein Kindergeburtstag hier.« –

»Wieso, was? Ist doch lustig hier. Aber gut, die Shuttles fahren nicht mehr. Ich komme mit.« Im Hotel angekommen, reifte schließlich die Erkenntnis: »Boah, danke Mambo, dass du mich mitgenommen hast.«

Zudem hat Mari in den ersten Monaten immer ihre echte Telefonnummer an ihre Verehrer ausgegeben. Also hatte Mari am Sonntag und Montag immer die ganzen Typen an der Strippe. Einmal rief mich sogar am Montag mein Management an: »Ja, Mambo, hör mal. Hier hat so ein Jürgen angerufen. Deine Fahrerin hätte ihm versprochen, dass sie morgen mit ihm Skifahren geht.«

Mitte 2010 hat Mari beschlossen, nach Berlin zu ziehen und dort Schauspielerin zu werden. Das war natürlich das Ende unserer regelmäßigen Tourtätigkeit. Deswegen haben mich viele Veranstalter in 2010 blöd angeguckt und gefragt: »Ja, Mambo, schön, dass du da bist. Aber wo ist denn Mari?«

Ich habe bis zum heutigen Tag ein sehr gutes Verhältnis zu Mari. Ich nehme sie seit 2010 nur noch auf ausgesuchte Top-Ereignisse mit, wenn ich eine charmante Begleitung brauche. Ich rede hier zum Beispiel von einer Tour in Norwegen, dem *Full Metal Mountain* oder der *Full Metal Cruise*. Spätestens seit der ersten Kreuzfahrt haben wir ein geradezu geschwisterliches Verhältnis. Denn bis zu diesem Moment hatten wir immer zwei Einzelzimmer, wenn wir unterwegs waren, und ich habe Mari nie in etwas anderem als ihrer Jeans gesehen. Doch als wir in unsere Doppelkabine auf dem Schiff eincheckten, blickten wir auf ein schönes französisches Bett. Zudem war die einzelne Bettdecke als Herz arrangiert. Gebucht hatten wir eigentlich zwei einzelne Betten. Wir haben uns beide nur kurz angeschaut, mit den Schultern gezuckt und gesagt: »Ist jetzt auch egal.«

Zeitgleich mit Mari verließ mich der Kia. Auf einer Tour in Österreich qualmte der Motor plötzlich so unfassbar heftige, tiefschwarze Rußwolken, dass es einer startenden Mondrakete zur Ehre gereicht hätte. Dabei fuhr der Wagen nur noch 35 km/h und die Steigung der B181 Achenseestraße sind wir mit sage und schreibe Schrittgeschwindigkeit hochgekommen. Wir haben dann den ÖAMTC bemüht. Danach fuhr das Auto wenigstens wieder 72 km/h. Zu Hause in Bochum angekommen war es an der Zeit, den Kia abzumelden und im Auktionshaus zu versteigern. Der Wagen ist nach Afrika gegangen und die Afrikaner haben tatsächlich 1550 Euro auf diese Gurke geboten (und meine Anzeige entsprach in Text und Bildern original der Wahrheit). Zur Abholung kam ein junger Mann vorbei und hat den Kia von Bochum bis nach Gelsenkirchen auf eigener Achse gefahren. Denn dort wartete der Sammel-LKW für den Transport nach Afrika. Als ich meinte »Du weißt aber schon, dass der Wagen abgemeldet ist, keine Nummernschilder und keine Versicherung hat?«, antwortete der junge Mann nur: »Was soll passieren?«

Mari hat bei jeder Veranstaltung zehn Verehrer gehabt, einige Männer wollten sie sogar heiraten. War ich im Karneval mit ihr unterwegs, habe ich oft die Bemerkung gehört: »Du siehst aus wie *Nena*.« Dem kann ich nur entschieden widersprechen. Mari sieht absolut nicht aus wie *Nena*. Ich selbst bin sozusagen der Fachbeauftragte in Sachen *Nena*. Denn ich bin geboren in Hagen-Haspe. Genau wie *Nena*. *Nenas* Vater war mein Sportlehrer. Vater Kerner unterrichtete am

Ernst-Meister-Gymnasium Latein und Sport, aber ich hatte nur Sport bei ihm. Eine typische Sportstunde bei *Nenas* Vater sah so aus: Er warf einen Basketball in die Halle und las *Bild*-Zeitung. Eigentlich die beste Lösung, denn so hatten wir unseren Spaß und er seine Ruhe. In dieser Phase durfte man Folgendes auf gar keinen Fall tun: Streit mit den Mitschülern beginnen oder ihn beim Lesen stören. Das Wort »Ausraster« wurde für mich in dem Moment neu definiert, als ein stramm geworfener, jedoch ziellos losgelassener Basketball etwa 17 cm über Vater Kerners Haupthaar an die Holzvertäfelung der Sporthalle im Altbau des *Ernst-Meister-Gymnasiums* knallte.

Wir mochten Vater Kerner, er versorgte uns immer mit frischen Autogrammkarten seiner Tochter, die wir in der Stadt für 50 Pfennige verkaufen konnten. Irgendwann kam er mal mit einem neuen weißen Porsche 924 zur Schule, soll ein Geschenk von *Nena* gewesen sein. Ich habe das große Glück der späten Geburt, was für einen Hasper-Jungen bedeutet, ein paar Jahre nach Susanne Gabriele Kerner auf die Welt gekommen zu sein. Denn *Nena* Kerner muss ein echtes Sahneschnittchen gewesen sein. Ich kenne keinen männlichen Hasper, der heute so 65 Jahre alt ist und der nicht in *Nena* Kerner verknallt gewesen ist. Wenn diese Jungs in den Achtzigern dann auch noch Musik gemacht haben, ist es meist zu einem bleibenden Trauma gekommen. Denn *Nena* wurde bekanntlich der Ober-Super-Star der Neuen Deutschen Welle. Sie muss viele Herzen gebrochen haben in Haspe …

Nena gilt in der Musikbranche als kompliziert. Ein Freund von mir arbeitet als Tontechniker und hat einen

Auftritt von *Nena* in der Dortmunder *Westfalenhalle* betreut. *Nena* kam am Nachmittag zum Soundcheck in die *Westfalenhalle* und hat sich nach ungefähr 45 Sekunden auf ihren Hacken umgedreht und die riesige Halle sofort wieder verlassen. Dazu bemerkte sie: »Hier ist es mir zu kalt. Macht erst mal die Heizung an. Dann kann ich Soundcheck machen.« Ich selbst habe in den Nullerjahren auf einem großen Festival gespielt, auf dem *Nena* der Hauptact war. Nachts um 2:30 Uhr habe ich zufälligerweise den Veranstalter neben mir am Urinal beim Pinkeln getroffen. Er war kreidebleich und meinte zu mir todesernst: »Mambo, ich mache lieber zweimal hintereinander *Guns N' Roses* als noch einmal *Nena*!«

Hagen-Haspe 18

Ich stehe tatsächlich auf der Wikipedia-Seite von Hagen in Westfalen und Bochum, jeweils unter der Rubrik »berühmte Persönlichkeiten«. Da stellt sich mir natürlich die Frage: Wie wichtig war eine Kindheit in Hagen-Haspe? Dort habe ich nämlich bis zum Jahr 1991 gelebt. Dann hat mich mein Studium der Humanmedizin an der Ruhruniversität Bochum nach Bochum verschlagen.

In der Kindheit jedes Menschen gibt es wichtige Ereignisse. Nur ahnt der betreffende kleine Mensch noch nichts davon, dass diese Ereignisse in der Zukunft sehr prägend für ihn werden. Also haue ich jetzt mal die wichtigsten Erweckungserlebnisse raus, die ich mit meiner Jugend in Hagen-Haspe verbinde.

Ein Mädchen aus meiner Klasse hat in dem Kinderchor mitgesungen, der auf dem Song »Annemarie« von *Extrabreit* zu hören ist (»Aaaannemariiiiiiiiieee, bitte fick mit miiiiiir«). Ich wusste damals noch nicht richtig, was ficken überhaupt ist. Das Mädchen war natürlich ein absolutes Top-Mädchen für mich. Seither stehe ich nicht auf Hausfrauen.

Im fünften Schuljahr hatte unsere Kunstlehrerin der Klasse die Aufgabe gegeben, einen Wald zu malen. Ich hatte beschlossen, für diese Arbeit eine Eins zu kassieren und wollte mir richtig Mühe geben. Ich wollte einen fotorealistischen Wald malen. Das bedeutete für mich damals, dass dieser Wald so aussehen sollte wie die Bäume in einem *Asterix*-Comic. Also habe ich mit aller Inbrunst begonnen, den ersten Baum à la Uderzo zu zeichnen. Als ich den Stamm und drei Äste auf Papier gebracht hatte, sah ich ein, dass das eine totale Fleißarbeit für Doofe werden würde. Da ich aber latent faul bin, habe ich die Arbeit einfach eingestellt. In der 5-Minuten-Pause vor der nächsten Kunststunde erinnerte ich mich an meine unvollendete Hausaufgabe. Ich habe in schnellstmöglicher Zeit ein neues DIN-A3-Blatt genommen, unten viele dunkelgrüne Striche gemacht, darüber viele hellgrüne Striche, und oben viele hellblaue Striche. Damit war wenigstens gewährleistet, dass die Lehrerin mir keine Sechs geben konnte. Denn ich hatte ja irgendetwas auf Papier gebracht, was ein betrunkener Sehbehinderter als Wald interpretieren könnte. In der Kunststunde musste ich dann mein Gemälde der Lehrerin zeigen. Und die Lehrerin meinte wortwörtlich zu mir: »Rainer, das vibriert so schön. Das ist ganz große Kunst. Da gebe ich dir eine Eins für!« In diesem Moment war mir klar, dass Kunst nichts mit Fleiß, sondern mit dicken Nerven zu tun hat. Ich habe dieses Bild Jahrzehnte später beim Aufräumen des elterlichen Hauses wieder gefunden. Ich will mich jetzt hier absolut nicht über den grünen Klee loben, aber dieses Bild hat tatsächlich etwas von Vincent van Gogh – in einer Drogenphase. Ganz falsch lag meine Lehrerin mit ihrem Urteil tatsächlich nicht.

Ebenso wichtig war für mich ein türkischer Arbeiter bei *Brandt Zwieback* im Jahr 1986. Ich hatte damals dort meinen ersten Ferienjob. Der Meister sagte mir, ich solle mit dem Arbeiter von Block A in den Block C gehen und dort irgendeine Tätigkeit ausüben. Also bin ich losgegangen, in dem ganz normalen Tempo, in dem Menschen gehen. Sobald wir das Sichtfeld des Meisters verlassen hatten, ergriff der Arbeiter meinen Ellbogen und brachte mich dazu, meine Geschwindigkeit auf ungefähr 15 Prozent zu verringern. Er meinte: »Geh nicht so schnell. Wir sind hier auf der Arbeit und nicht auf der Flucht!«

Im Jahr 1979 stellte Mercedes-Benz seinen Geländewagen vor, die legendäre G-Klasse. Der Hagener Mercedes-Händler hatte dafür einen Tag der offenen Tür auf der riesigen Schlackenhalde der ehemaligen *Hasper Hütte* am Ende der Grundschötteler Straße klargemacht. Ein Nachbarsvater kannte den Händler persönlich und hat für sich, meine Kumpels und mich eine Offroad-Mitfahrt organisiert. So bin ich im Jahr 1979 in einem sündhaft teuren, allradbetriebenen Geländewagen richtig offroad mitgefahren. Was mir bis heute im Gedächtnis geblieben ist: Damals ist auch ein schrottiger 64er-VW-Käfer genau die gleichen Wege gefahren wie der teure Mercedes. Bezogen auf die Musikbranche bedeutet dies: Das Equipment ist egal, die Einstellung zählt.

Apropos *Hasper Hütte*. Das war das Stahlwerk in meinem Stadtteil. Es gab vier Hochöfen. Im Jahr 1977 war dort Schluss. Die Arbeiter sind einfach von einem Tag auf den anderen nicht mehr ins Stahlwerk gegangen, aber alles in diesem Stahlwerk funktionierte wie am Tag zuvor. Also sind die älteren Jungs aus dem Stadtteil über den Werkszaun geklettert und haben die verlassenen Hüttengebäude als großen

Abenteuerspielplatz benutzt. Wohlgemerkt waren das die 1970er. Helikopter-Eltern gab es damals nicht. Und auch der Firmenleitung war so ziemlich alles schnurzegal. Denn da der Strom nach der Einstellung der Tätigkeiten noch auf allen Leitungen brutzelte, haben die älteren Jungen die großen Schraubenschlüssel genommen und in die dicken Relais geworfen, weil das so schön funkte. Ich selbst habe bei diesem Quatsch nicht mitgemacht, denn ich war damals erst zehn Jahre alt.

Auch die deutschlandweit bekannte historische Firma des Frühindustriellen Friedrich Wilhelm Harkort liegt in Hagen-Haspe – 300 Meter Luftlinie von meinem Elternhaus entfernt. Sie war in den 1980er-Jahren keineswegs der Wallfahrtsort für Geschichtslehrer, der er heute ist. Damals war das Firmengebäude vollkommen abgerockt und vor der Firma stand ein riesengroßer Kran, mit dem irgendeine drittklassige Firma irgendwelche drittklassigen Dinge auf irgendwelche rostigen LKWs hievte. Mein Kumpel ist damals in das Harkortsche Firmengebäude eingebrochen und hat Pornohefte geklaut. Ich habe derweil ängstlich kauernd im Wäldchen vor der Firma gehockt. Ich habe noch nicht einmal Schmiere gestanden. Dafür war mein Nervenkostüm einfach nicht gemacht.

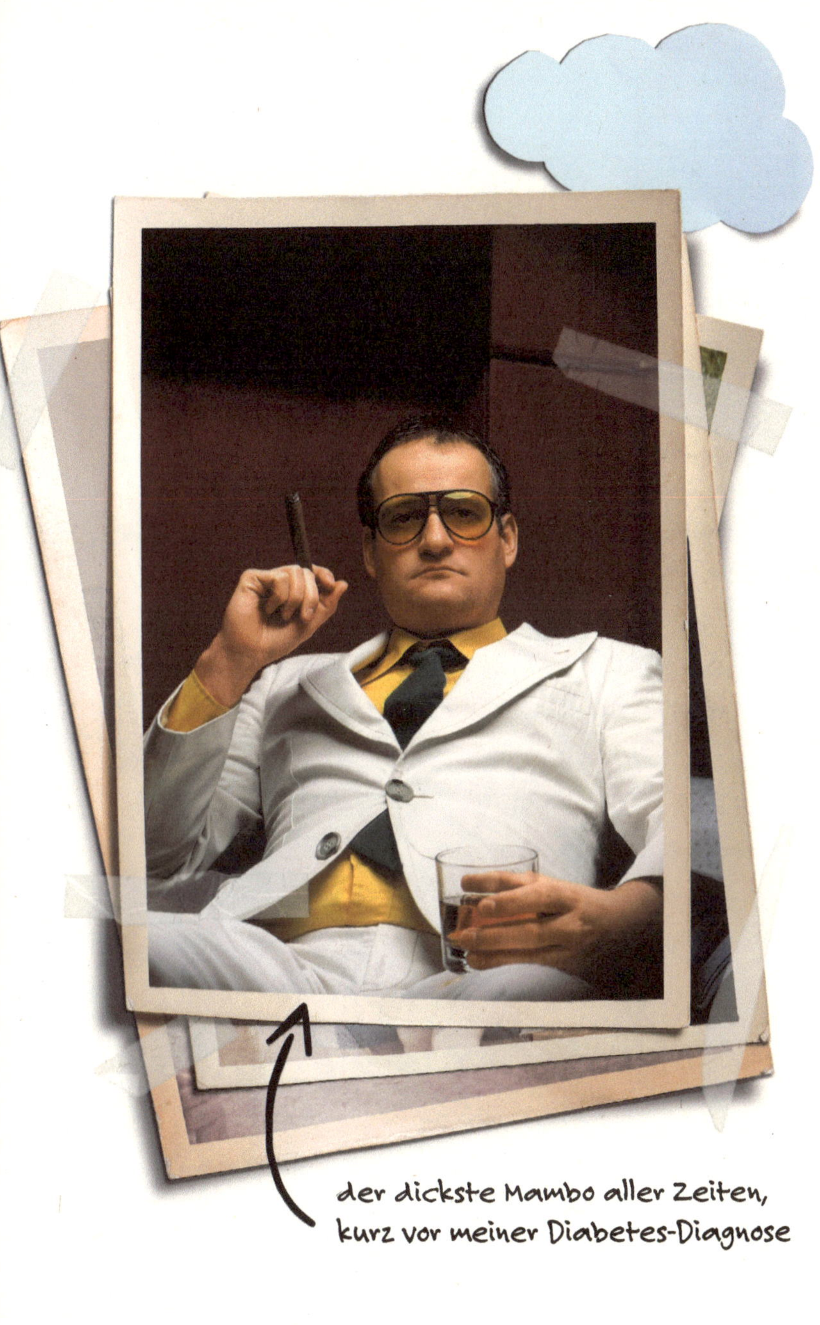

der dickste Mambo aller Zeiten,
kurz vor meiner Diabetes-Diagnose

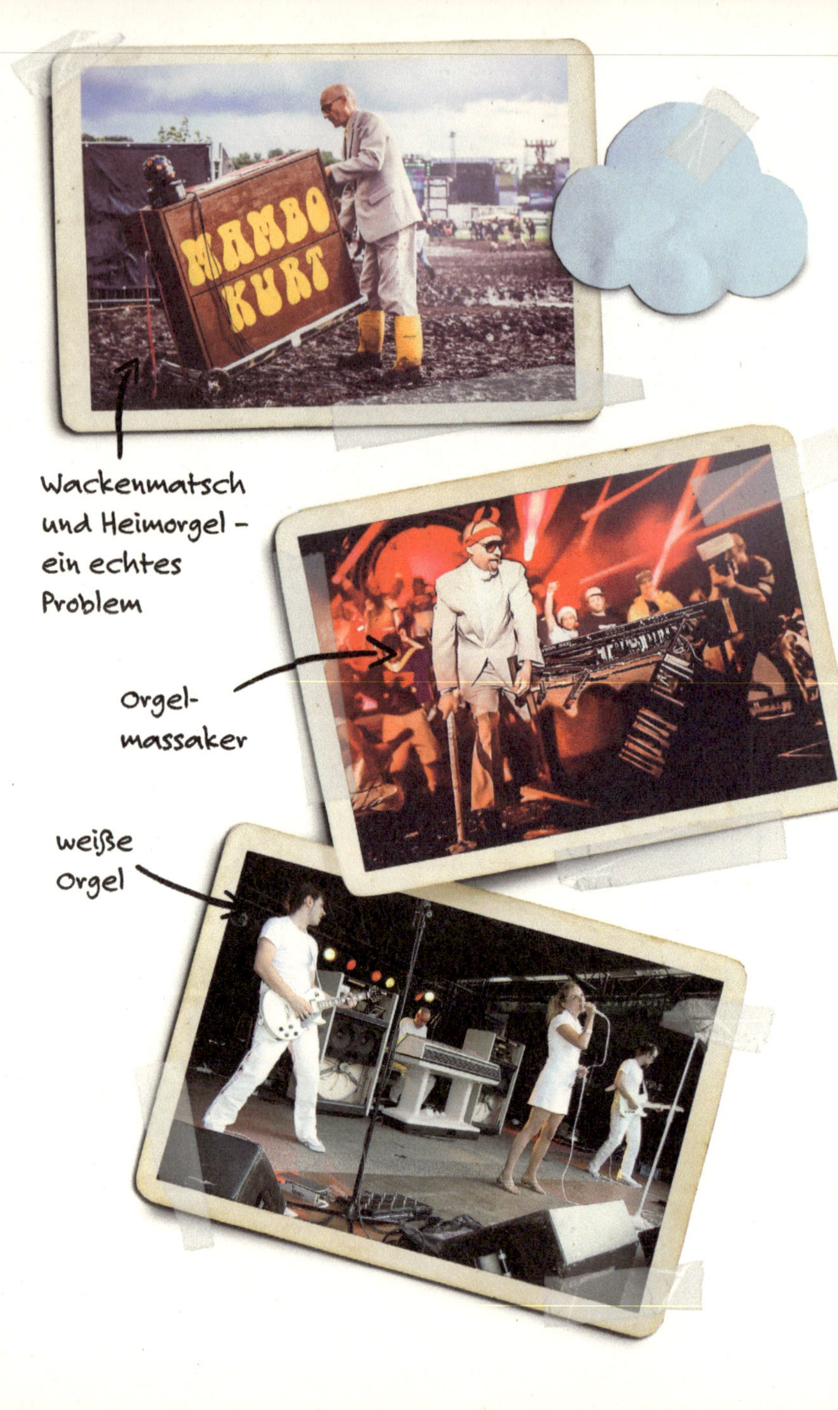

Wackenmatsch und Heimorgel – ein echtes Problem

Orgel-massaker

weiße Orgel

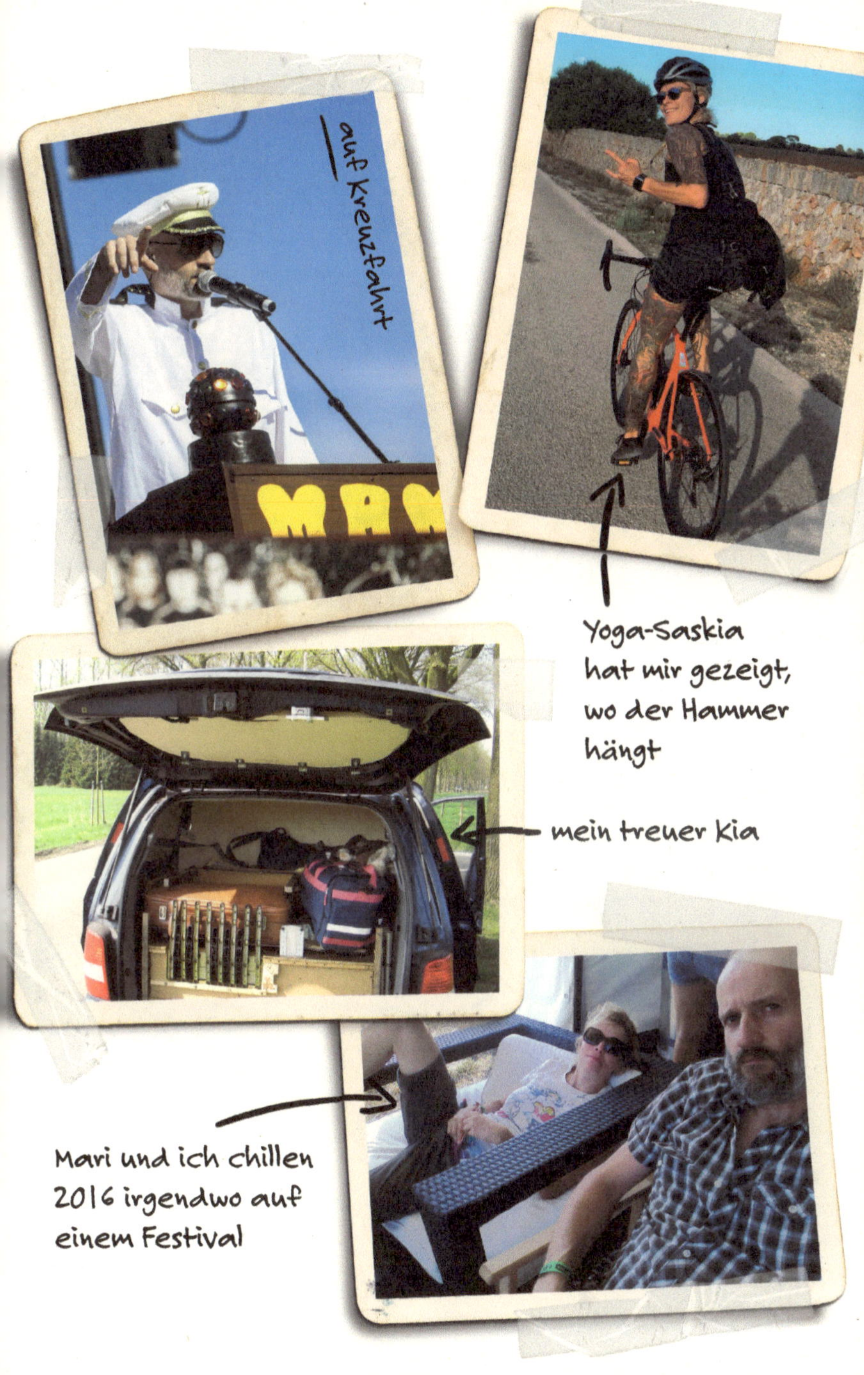

Yoga-Saskia hat mir gezeigt, wo der Hammer hängt

mein treuer Kia

Mari und ich chillen 2016 irgendwo auf einem Festival

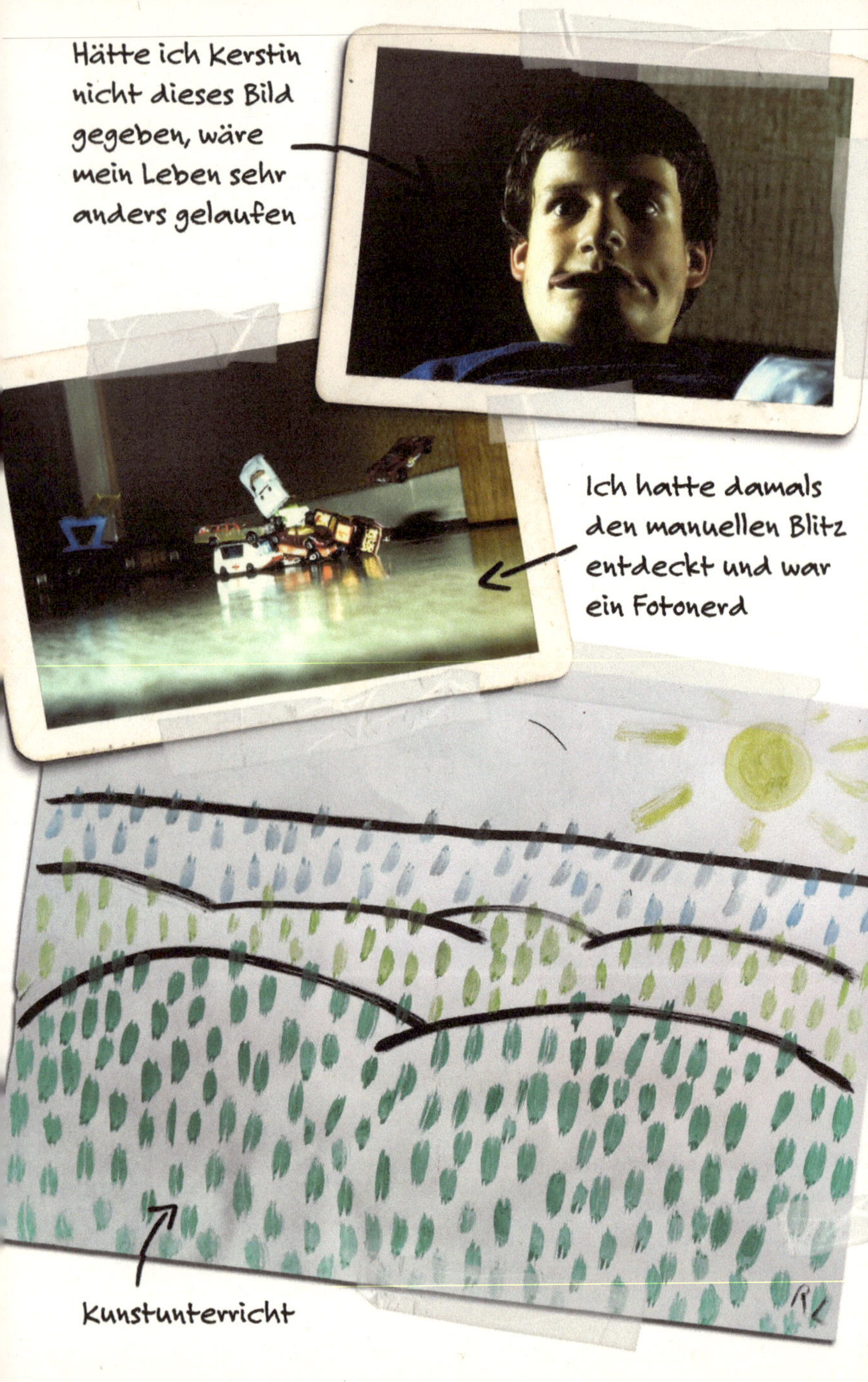
Hätte ich Kerstin nicht dieses Bild gegeben, wäre mein Leben sehr anders gelaufen
Ich hatte damals den manuellen Blitz entdeckt und war ein Fotonerd
Kunstunterricht
RL

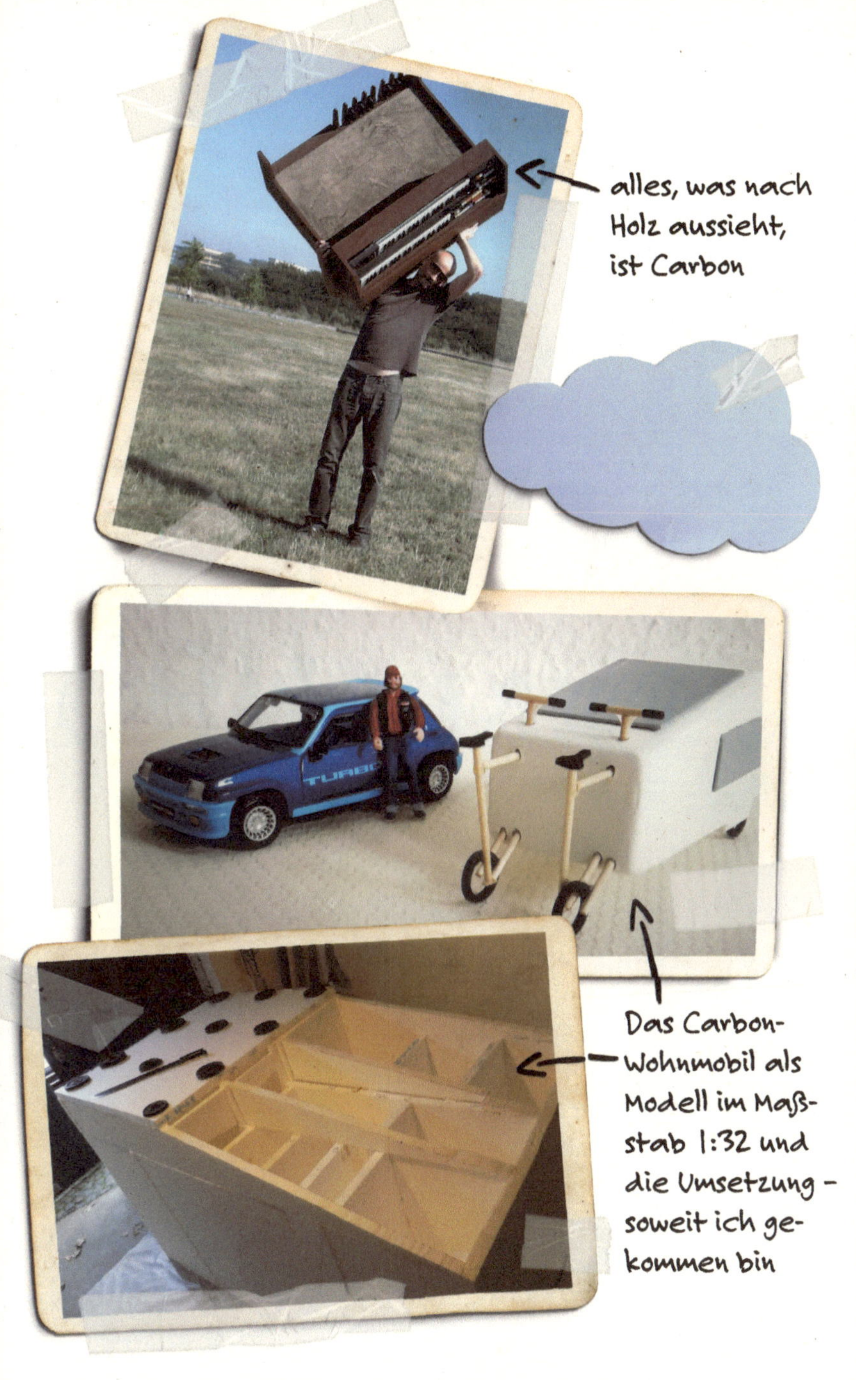
alles, was nach Holz aussieht, ist Carbon
Das Carbon-Wohnmobil als Modell im Maßstab 1:32 und die Umsetzung – soweit ich gekommen bin

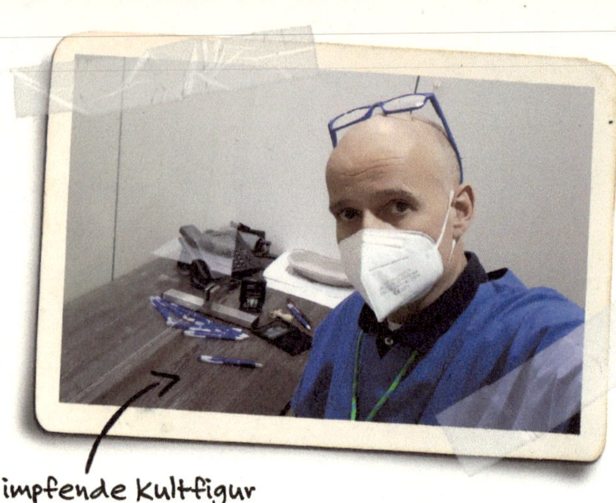

die impfende Kultfigur

HAGENER ZEITUNG
WWW.WP.DE/HAGEN

ESTFALENPOS

STIMME DER HEIMAT | ECHO DER WELT

Gewalt in Jerusalem
türkische Präsident Erdogan bezeichnet
ls „Terrorstaat“ *Bericht und Kommentar Politik*

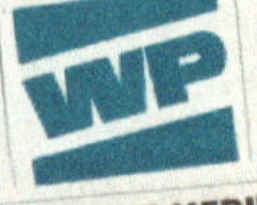

Freunde fürs Leben
Dagmar Manzel und Sylvester Groth
ermitteln im Franken-„Tatort“ *Leute*

Ein Titel der **FUNKE MEDIENGRUPPE**

8 | 19. WOCHE

Die impfende Kultfigur

Mambo Kurt ist nicht nur Musiker, sondern auch Arzt. Mit seinem Bus tourt er nun zu den Impfzentren

Bericht **Region**

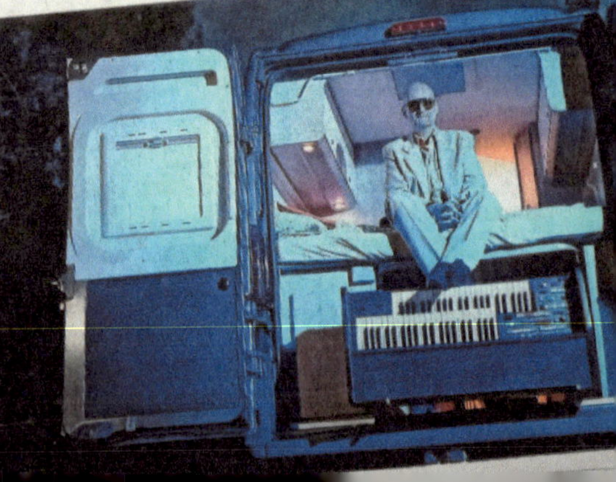

re-
ei-
ie
Ran-

ste
acht

Titel:
acht
in der
esliga

Die ultimative Rattenfalle, leider ging die Ratte gar nicht auf den Steg

Preis 2,20 € | HG

FOTO: ANDREAS BUCK / FUNKE FOTO SERVICES

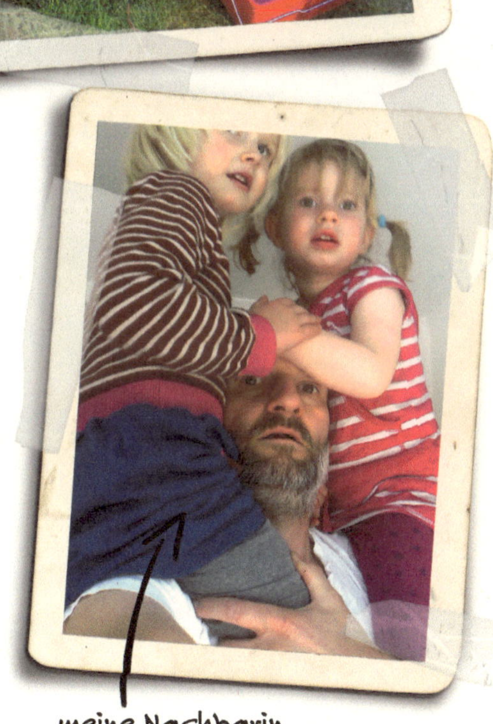

meine Nachbarin und meine Nichte

Papa auf Probefahrt im C6, die wir machen durften, weil ich mal einen XM hatte

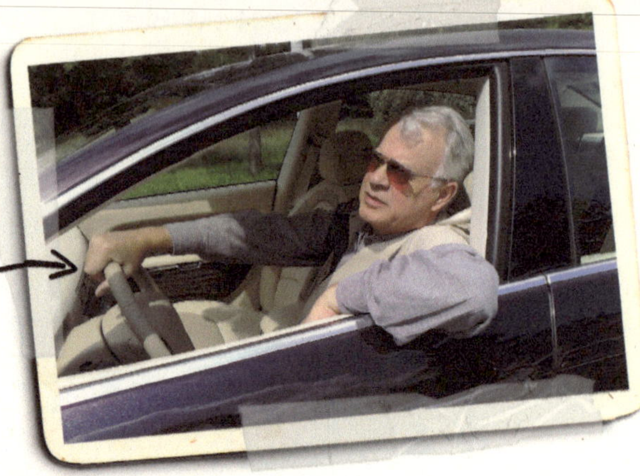

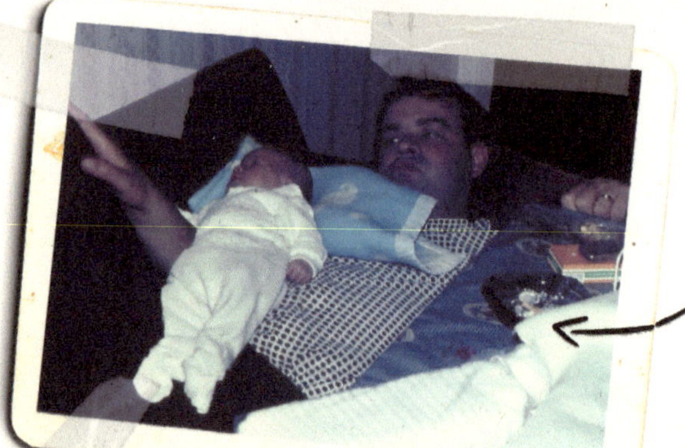

Papa wollte eigentlich nur rauchen, aber Mama zwang ihn zu diesem Foto mit mir

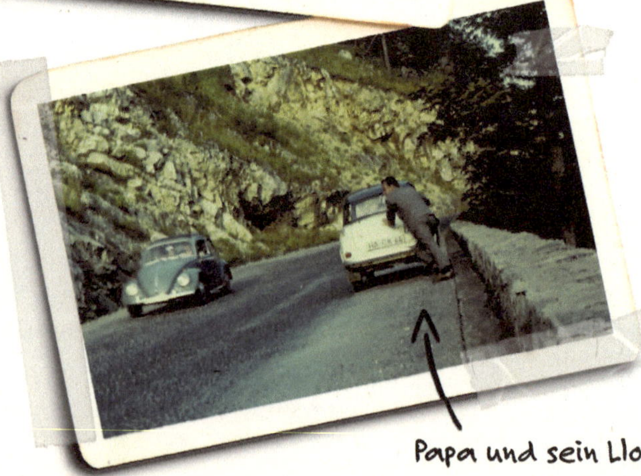

Papa und sein Lloyd

KARNEVALSPORT 19

Im Januar 2011 klingelte mein Telefon. Am anderen Ende war *DJ Powerfun*. Mit bürgerlichem Namen heißt er Nils. Ich kenne Nils seit dem *Odonien Charity* 2008. Das war ein kleines Festival in Köln. Das hat Nils damals zusammen mit seinem DJ-Partner Sepp (Künstlername *Bleibtreuboy*) veranstaltet. Es ging um die Rettung des *Odonien*. Das *Odonien* ist ein Freiluftatelier, eine Werkstatt und ein Kulturzentrum mit deutlich linksalternativer Prägung in Köln. Ich werde diese Show dort aus zwei Gründen nie vergessen. Zum einen liegt das *Odonien* direkt neben dem *Pascha*. Das *Pascha* ist der größte Puff in Nordrhein-Westfalen. Zum anderen habe ich damals meine Show im *Odonien* gegen Ende meines sommerlichen Heilfastens durchgezogen. Es ist die einzige Show, die ich bisher gespielt habe, bei der mein Körper im Keton-Körperkreislauf lief.

Sepp und Nils sind Party-DJs. Die beiden haben mit ihrer Kunst das Genre neu definiert. Sie haben sich mittlerweile bundesweit eine Fanbase zusammengespielt mit ihrer unfassbaren Mischung aus verrückten Ansagen und einem haarsträubenden Portfolio an Songs. Das reicht von Werbejingles und TV-Melodien aus den frühen 80er-Jahren über totale Mainstreamkracher von Whitney Houston und Mariah Carey bis hin zu total credibilen Hip-Hop-Klassikern. Im Großraum Köln sind die beiden absolute Legenden und wirkliche Superstars. Ich glaube, ich trete Sepp und Nils nicht zu nahe, wenn ich sage, dass sie nicht singen können. Trotzdem sind sie echte Rockstars. Denn die beiden geben auf der Bühne immer alles. Eine gute Show von Sepp und Nils dauert mindestens fünf Stunden. Nach zwei Stunden sind beide sehr betrunken, nach drei Stunden und 30 Minuten sind sie so heiser, dass man ihre Ansagen kaum noch versteht. Nach viereinhalb Stunden krabbeln beide meist vollkommen fertig um ihr DJ-Pult herum und mindestens einer der beiden (meist Sepp) hat ausschließlich noch seine Unterhose an. (Sepp ist generell bekannt dafür, sich bei Veranstaltungen gerne mal auszuziehen. Beim Auftritt der Wattenscheider Punk-Ikonen *Die Kassierer* nahm das beim *Karnevalsport* 2014 epische Ausmaße an. Denn auch Wölfi, der Sänger der *Kassierer,* zieht gerne blank, wenn er auf der Bühne steht. Also standen Sepp und Wölfi Arm in Arm nackt auf der Bühne und sangen »mein Glied ist zu groß«. Das war damals wirklich ein putziges Bild, denn sowohl Sepp als auch Wölfi haben eine echte Rubens-Figur.)

Nach vier Stunden und 45 Minuten liegt einer der beiden im Koma (meist Sepp) und Nils legt die allerletzten Party-Songs auf den Player. Die beiden sind wirklich spitzenklasse, sie leben für ihre Fans. Ich liebe die Jungs. Sie treten unter dem Künstlernamen *Team Rhythmusgymnastik* auf.

Nils fragte mich am Telefon, ob ich Lust hätte, bei einer neuen Karnevalsveranstaltung aufzutreten. Der Name dieser Veranstaltung sei *Karnevalsport*. Sie hätten richtig investiert und am Karnevalssamstag würde direkt neben dem Müngersdorfer Stadion ein großes Partyzelt für 2000 Leute aufgebaut werden. Dort würde es um 11:11 Uhr losgehen. Es sei ein unvergleichliches Line-up gebucht: von totalem Trash bis hin zu hochkarätigen Hip-Hop-Acts. Das Ganze sei eine Party für junge Leute, die das Potenzial hätte, den Kölner Karneval neu zu definieren. Sie hätten auch einen Elferrat auf der Bühne, und Mambo Kurt solle die Karnevalskapelle sein. Sepp und Nils selbst seien die Präsidenten dieser Veranstaltung. Natürlich habe ich Nils direkt zugesagt. Ich konnte nicht ahnen, dass diese Party die absolut wahnsinnigste Party werden würde, die ich in meinem ganzen Leben erlebt habe.

Also fuhr ich am Karnevalssamstag 2011 nach Köln zum *Müngersdorfer Stadion*. Dort angekommen, traf ich Nils in einem Karnevalspräsidenten-Kostüm mit diesem typischen Hut, der aussieht wie das Opernhaus von Sidney. Sepp trug das Kostüm einer Karnevals-Jungfrau. Dazu hatten Sepp und Nils neun ihrer besten und trinkfestesten Kumpels zur Veranstaltung eingeladen. Diese Horde an partywilligen jungen Männern bildete den Elferrat. Die neun anderen Jungs hatten etwas weniger opulente Verkleidungen an und waren offiziell »Minister«. Es gab unter anderem den Haschischminister, den Modeminister, den Knisterminister (also Mr. Love) und natürlich auch den Alkoholminister. Mein Job bestand darin, die beiden Präsidenten und den gesamten Elferrat nacheinander mit musikalischer Begleitung auf die Bühne zu holen. Ab da hatte ich eigentlich nichts mehr zu tun und konnte feiern.

Die Veranstaltung gibt es bis heute. Mittlerweile ist die Zuschauerzahl auf über 5000 Personen angewachsen, und die Karten sind immer nach 30 Minuten ausverkauft. Über die Jahre haben absolute Top-Acts wie *Marteria, Grandmaster Flash, Milli Vanilli, Dr. Alban, Die Kassierer, Die Vengaboys, Das Bo, Brings, Querbeat, Kasalla, die Höhner* und sogar *Die Toten Hosen* dort performt. Dazu gesellen sich weitere DJs und klassische Kölner Karnevalsacts wie die *Kammerkätzchen/ Kammerdiener* oder die *Altstädter*. Doch generell lautet der Tenor unter den langjährigen Zuschauern wie auch unter den Mitwirkenden: »Das Flair des ersten *Karnevalsports* war einfach einzigartig.« Diese Aussage könnte man problemlos umformulieren in die Worte: »So betrunken wie 2011 waren wir nie wieder.«

Wie ich bereits gesagt hatte begann die Veranstaltung um 11:11 Uhr. Für die nächsten 61 Minuten legte aber »nur« DJ Andi Teller ein ganz entspanntes Set auf, und alle Zuschauerinnen und Zuschauer strömten in typischer Kölner Karnevalsverkleidung in das Zelt. Um 12:12 Uhr holte ich dann mit meiner Heimorgel den Elferrat auf die Bühne. Um circa 13:30 Uhr kamen die *Altstädter* zu ihrem Auftritt. Die *Altstädter* sind eine Institution im Kölner Karneval. Es handelt sich um einen 1922 gegründeten Karnevalsverein. Die Vereinsfarben sind grün und rot. Wenn die *Altstädter* irgendwo auftauchen, dann tauchen sie gleich mit 60 Mann und einer Blaskapelle auf. Tschingderassabumm. Mehr oldschool geht nicht. Doch um 13:30 Uhr hatte sich die Lage rund um den Elferrat beim *Karnevalsport* 2011 bereits etwas zugespitzt. Der Alkoholminister war mittlerweile mit einem RTW ins Krankenhaus gefahren worden, denn er hatte seinen Job zu ernst genommen. Auch ansonsten war das Podium des Elferrats auf der Bühne sehr ausgedünnt.

Zwei Minister knutschten mit zwei Damen auf dem Podium rum (zwischen einem Paar kam es im weiteren Verlauf des Abends sogar zu sexuellen Handlungen auf der Bühne, während ein Rapper performte), drei Minister waren draußen und kotzten in die Hecke. Alle anderen Minister waren irgendwo rauchen, kiffen oder Bier holen. Der Chef der *Altstädter* enterte die Bühne und sondierte die Lage. Schließlich sollten die *Altstädter* in ein paar Minuten mit 60 Mann auf dieser Bühne stehen und ihre Blasmusik spielen. Der *Altstädter*-Chef überblickte die aktuelle Situation und dachte deswegen automatisch, dass ich der verantwortliche Präsident des *Karnevalsports* 2011 sei. Denn ich war um 13:30 Uhr der einzige Mensch, der rund um die Bühne nicht nach Techniker aussah und trotzdem halbwegs nüchtern zu sein schien. Der *Altstädter*-Chef fragte mich also: »Sind Sie der Präsident dieser Veranstaltung?« Ich daraufhin: »Nein, die beiden Präsidenten liegen da vorne zwischen den Monitorboxen auf der Bühne!« Denn auch Sepp und Nils hatten Vollgas gegeben und sich für eine kleine Erholungspause vorne auf der Bühne abgelegt. Sepp hatte seinem allgemeinen Fetisch entsprechend schon blankgezogen und trug nur noch seine mit Pailletten besetzte Unterhose.

»Ja, wir müssen angekündigt werden vor unserer Show. So gehört sich das.«, sagte der Chef der *Altstädter* zu mir. »Wie meinen Sie das?«, fragte ich. »Ja, also: Erst mal muss der Präsident ihrer Veranstaltung fragen ›Wollen wir die *Altstädter* reinlassen?‹ Und zwar dreimal. Dann müssen unser eigener Präsident, also ich, und unser Kapellmeister namentlich genannt werden. Jeweils mit der Aufforderung zu großem Applaus. Danach sollte das Publikum noch zu einer dreifachen Rakete aufgefordert werden! Dann ›Kölle alaaf‹. Erst dann können die *Altstädter* die Bühne entern. Bitte seien Sie so gut und richten Sie das den Präsidenten dieser Veranstaltung aus.«

Ich ging mit einem Mikro zu Nils an den Bühnenrand zu den Monitorboxen. »Nils, die *Altstädter* sind da. Du musst sie ansagen, sonst gehen die nicht auf die Bühne!« Nils nahm das Mikrofon und schrie hinein: »Make some noise for the Altstädtääääääääääääääääääähhh!!!«, und warf das Mikro in einer lässigen Bewegung weg. Er selbst blieb liegen.

Der Chef der *Altstädter* guckte maximal irritiert aus der Wäsche. Trotzdem zogen die *Altstädter* ihr Programm durch. Allen war klar, dass die Truppe nie wieder kommen würde.

Nun, wir haben uns geirrt. Die *Altstädter* waren auch 2012 wieder da. Diesmal erschien ihr Präsident mit einem in Folie eingeschweißten DIN-A4-Blatt. Auf diesem Blatt stand Wort für Wort der Dialog aufgeschrieben, den er mit Karnevalspräsident Nils abzuhalten gedachte. Tatsächlich war Nils im Jahr 2012 in der Lage, den Wünschen der *Altstädter* zu entsprechen. Denn 2012 wurde generell viel weniger gesoffen. Auch in den Folgejahren waren die *Altstädter* immer wieder da. Mittlerweile hatten sie verstanden, dass der *Karnevalsport* die mit Abstand beste Gelegenheit darstellt, im Kölner Karneval zu feiern. Also haben die *Altstädter* am Karnevalssamstag seither immer dafür gesorgt, dass ihr Auftritt beim *Karnevalsport* die letzte Veranstaltung des Tages war. Danach sind sie generell im VIP des *Karnevalsports* versackt.

Sepp und Nils wären als Veranstalter sogar plus/minus Null aus dem ersten *Karnevalsport* rausgekommen, wenn sie sich nicht für das Podium des Elferrats von einem anderen

Karnevalsverein edles Elferrat-Gestühl ausgeliehen hätten. Diese filigranen Stücke haben den Anforderungen des Tages (andauerndes Getanze betrunkener Minister auf den Sitzflächen) nicht standgehalten. Sepp und Nils mussten 2000 Euro Schadenersatz zahlen. Seither besteht das Gestühl des Elferrats einfach aus stabilen Bühnenbauelementen.

Die CEBIT

20

Irgendwann zu Beginn der Nuller-Jahre spielte ich in meiner Heimatstadt auf dem wunderschönen Musikfest *Bochum Total*. Es war ein guter Auftritt mit der ganz normalen Party-Eskalation, für die Mambo Kurt berühmt ist. Doch eine Person im Publikum ist ganz besonders abgegangen. Es war ein Mann etwa in meinem Alter. Er war deutlich alkoholisiert, aber keinesfalls unsympathisch oder aggro. Der Mann tanzte einfach völlig ausgelassen direkt vor der Bühne und freute sich seines Lebens. Nach jedem meiner Songs schrie er zu mir auf die Bühne hoch, dass ich jetzt mal einen Song der *Sisters of Mercy* spielen solle. Ich bin leider musikalisch zu schlecht, um aus dem Stehgreif irgendwelche neuen Songs zu performen. Außerdem dauert es immer ein paar Stunden, bis ich die Rhythmusmaschine meiner Heimorgel so programmiert habe, dass der neue Song wirklich gut rüberkommt. Ich habe also keinen »Temple of Love« bei *Bochum Total* dargeboten.

Einige Zeit später meldete sich meine Agentur bei mir und fragte, ob ich Lust hätte für eine große deutsche Softwarefirma auf der *CEBIT* in Hannover zu spielen. Die Gage wäre mehr als ordentlich. Natürlich habe ich zugesagt. Die

Anfrage kam von *G DATA*-Software, einem Marktführer in Sachen Virenschutz, ansässig in Bochum.

Als ich zum ersten Mal die heiligen Hallen der *CEBIT* betrat, zeigte sich, dass der *Sisters-of-Mercy*-Fan einer der Geschäftsführer von *G DATA* war. Seine innige Liebe zu dieser Band war in der ganzen Firma bekannt, weswegen alle Mitarbeiter nur »Schwatti« zu ihm sagten. (Eine kleine Anmerkung für die musikalisch unbedarften Leserinnen und Leser: Die *Sisters of Mercy* gelten als Wegbereiter des Gothic Rock und damit der Schwarzen Szene.) Schwatti zeigte mir voller Stolz den extrem großen Messestand seiner Firma. Dieser Messestand hatte zwei Etagen. Die untere Etage war für den ganz normalen Publikumsverkehr vorgesehen. Auch gab es auf der unteren Etage eine Bühne für alle möglichen Live-Darbietungen. Komplett ausgestattet mit feinster Audio-, Licht- und Videotechnik. Darüber thronte eine zweite Ebene, die fast die komplette Fläche des Messestandes überdeckte. Dort oben war der VIP-Bereich. Zudem gab es in Ebene 2 eine perfekt ausgestattete Profi-Küche, in der ein ehemaliger Sternekoch für das leibliche Wohl der Gäste sorgte. Ich habe meine Show gespielt und alles war Friede, Freude, Eierkuchen.

Ein Jahr später rief mich meine Agentur erneut an und fragte, ob ich noch mal für *G DATA* auf der *CEBIT* spielen möchte. Diesmal sollte ich jedoch jeden Tag eine Liveshow spielen. Meine Auftrittszeit wäre jeden Tag von 17:50 bis 18:00 Uhr. Ich fragte am Telefon nach: »10 Minuten Showtime? Also zwei Songs, oder wie?« – »Ja, 10 Minuten Showtime jeden Tag.« Natürlich habe ich zugesagt. Letzten Endes habe ich mehrere Jahre in Folge für *G DATA* auf der

CEBIT gearbeitet – wenn man bei 10 Minuten Showtime pro Tag überhaupt von Arbeit sprechen kann. Denn den Rest des Tages hatte ich frei. Diese ganze Aktion hat mir einen schönen Einblick in eine komplett andere Arbeitswelt gegeben. In jungen Jahren hatte ich nämlich eine gewisse Aversion gegen Schlipsträger. Wie ihr euch schon denken könnt, war mein lieber Vater daran nicht ganz unschuldig. Denn mein Vater ist jeden Werktag in Schlips und Anzug von der Arbeit gekommen und hat meiner Mutter dann erst mal 40 Minuten lang sein Leid geklagt, wie scheiße sein heutiger Arbeitstag wieder einmal war. Hätte mein Vater damals nur mit einer Silbe erwähnt, dass sein Beamtenleben durchaus auch Vorteile hat und er eigentlich gar nicht in der Lage wäre, irgendeinen anderen Job als den des Beamten auszuüben, dann wäre ich wahrscheinlich auch Beamter geworden. Denn auch tief in mir schlummert das Verlangen nach Sicherheit und nach jemandem, der mir alle Verantwortung abnimmt. Ich könnte zum Beispiel nicht den Job von *DJ Bobo* machen. Und zwar ausschließlich deswegen, weil *DJ Bobo* verantwortlich ist für ein Team von ungefähr 100 Menschen. Das würde mich wahrscheinlich bis in den Suizid stressen.

Doch seit meinen Einsätzen auf der *CEBIT* sehe ich die Sache mit Schlips und Kragen mit völlig anderen Augen. Es spielt nämlich überhaupt keine Rolle, wie spießig du auf den ersten Blick rüberkommst. Wichtig ist die Party, die du feierst. Und die Mädchen und Jungs auf der *CEBIT* konnten wirklich gut feiern. Es stellte sich nämlich heraus, dass ich auf dem Stand von *G DATA* sozusagen im Party-Epizentrum der *CEBIT* gelandet war. Alle Mitarbeiterinnen und Mitarbeiter auf der Messe wussten, dass jeden Abend ab 18 Uhr Livekonzerte bei *G DATA* stattfanden. *G DATA* hatte diese technisch perfekt ausgestattete Bühne – wie das Ende der 90er-Jahre so war. Meine kurzen Shows waren eigentlich nur dazu da, dass in der Halle alle Menschen verstanden, dass es jetzt in den Feierabend ging. Nach mir waren auf der *G DATA*-Bühne dann unter anderem *Guildo Horn* oder *Die Komm'Mit Mann!s* dran.

Nur am Dienstag war bei *G DATA* nix los. Denn Dienstag war immer große Party bei *Tobit*. Die Macher bei *Tobit* hatten damals ein sehr schönes Partykonzept. Der Messestand bestand aus einem großen Würfel. Oben auf dem Würfel stand ein DJ und legte aktuelle Hits auf. Der Sound war mächtig. Aus einer Seite des *Tobit*-Würfels ragte eine metallene Konstruktion heraus, die wirkte, als hätte man den Eiffelturm auf die Seite gelegt. Aus diesem Eiffelturm rutschten unablässig Flaschen mit Freibier in die Meute. Das Ganze führte zur schönen Situation, dass alle Partypeople ganz langsam gegen den Uhrzeigersinn um den *Tobit*-Würfel mäanderten. Bis heute frage ich mich, ob das die Intention des Messearchitekten war, als er diesen Messestand entworfen hat. Das Ganze hat mich nämlich wirklich an Mekka erinnert. Hat sich das für *Tobit* gelohnt? Weiß ich nicht. Ich habe nämlich gleich mehrere Arbeitende in der mäandernden Partymasse gefragt, was *Tobit* für ein Produkt anbietet. Die Antwort war immer: »Keine Ahnung, aber hier ist dienstags immer super Party!«

Auf der *CEBIT* war jeden Abend um 18:00 Uhr Schluss für das Publikum. Danach waren die Arbeitenden alleine und in Feierlaune. Jeden Tag wurde bis 20:00 Uhr heftig Party gemacht. Ungefähr um 20:05 Uhr tauchte dann der Hallenwart auf. Er ging jeweils zu Schwatti und sagte: »Sie wissen, dass um 20:00 Uhr hier offiziell Schluss sein muss? Ich drehe jetzt noch eine Runde durch die Halle und wenn sie gleich immer noch am Feiern sind, dann brumme ich ihnen eine Geldstrafe auf!« Um 20:31 Uhr tauchte der Hallenwart erneut auf und Schwatti zückte sein Scheckbuch und bezahlte das Ordnungsgeld. Der Hallenwart zog von dannen mit den Worten: »Ok, dann komme ich um 22 Uhr mit der Polizei zurück.« So geschah es jeden Tag. Ganz am Ende gab es dann eine von Schwatti angeführte Polonaise raus aus der Halle und rein in das angrenzende 4-Sterne-Messehotel (die Polizeimenschen wohlgemerkt mitten in der Polonaise). Dort ging die Party weiter. Ich habe Schwatti eines Morgens gesagt, dass ich meinen Hut davor ziehen würde, wie gut *G DATA* feiern könne und trotzdem einen professionellen Messeauftritt hinlegen würde. Doch Anfang der 10er-Jahre änderten sich die Zeiten, und für viele Unternehmen standen Kosten und Nutzen auf der *CEBIT* in keinem Verhältnis mehr. *G DATA* stellte das Entertainment-Programm auf der *CEBIT* ein. Schwatti kündigte. Kurz darauf gab es gar keine *CEBIT* mehr. *G DATA* ist immer noch Marktführer in Sachen Virenschutz.

21

Da werden Sie geholfen

In meinem Leben gibt es zwei terminliche Fixpunkte. Der eine Termin ist seit meiner Geburt im Jahr 1967 der Heilige Abend. Denn Heiligabend hat Rainer Limpinsel bei den Eltern in Haspe zu sitzen, basta. Aus der Nummer komme ich auch nicht raus, weil ich keine eigenen Kinder habe. Erst der Tod meines Vaters wird irgendwann in ferner Zukunft für eine Alternative sorgen. Der andere Fixpunkt ist seit 2004 das *W:O:A*. Denn da muss ich bekanntlich spielen, bis ich sterbe. Die Anwesenheit im schönen Schleswig Holstein am ersten Wochenende im August zerschlägt mir regelmäßig die Möglichkeit eines ausgedehnten Sommerurlaub. Im Jahr 2011 beschlossen meine Freundin und ich, das zu ändern. Wir haben uns einen kleinen Wohnwagen gekauft und wollten einen achtwöchigen Sommerurlaub in Südfrankreich in den Cevennen durchziehen. Die Cevennen sind wunderschön, aber nicht so bekannt wie die Provence. Deswegen kann man dort auf einem Campingplatz in acht Wochen mit dem Etat auskommen, den man in einem anständigen Skigebiet in vier Tagen Winterurlaub verballert. Der Urlaub war veranschlagt von Anfang Juli bis Ende August. Mitten in diesem Urlaub musste ich halt den Wohnwagen verlassen und nach Wacken fahren. 1350 Kilometer und 15 Stunden reine Fahrzeit für eine Strecke. Meine Frau war schlauer als ich. Sie blieb beim Wohnwagen. Glücklicherweise habe ich auf der Hinfahrt zum Festival noch einen kurzen Abstecher zu meinen Eltern gemacht. Ich konnte ja nicht ahnen, dass dies das letzte Mal sein würde, dass ich meine Mutter lebend gesehen habe.

Ich war am 8.8.2011 nach dem Ende des *W:O:A* gerade wieder in den Cevennen angekommen, als mich mein Vater anrief. Mein Vater weinte. Das war das erste und einzige Mal, dass ich meinen Vater habe weinen sehen bzw. in diesem Falle weinen hörte. Denn wir haben damals logischerweise keinen WhatsApp-Video-Anruf getätigt. Mein Vater sagte: »Helga ist tot. Herzinfarkt.« Ich war so perplex, dass ich keinerlei Regung zeigen konnte. Deswegen habe ich auch nicht geweint. Aber ich habe wenigstens auch nicht gelacht wie bei dem vergleichbaren Anruf im Jahr 2005 aufgrund des Ablebens meiner Oma. Damals hat mich nämlich meine Mutter im Mountainbike-Urlaub am Gardasee angerufen, um mir mitzuteilen, dass meine Oma verstorben sei. Daraufhin habe ich wirklich aus vollstem Herzen laut gelacht. Der Grund ist nicht der, dass ich meine Oma nicht mochte. Ganz im Gegenteil: Ich habe meine Oma sehr geliebt. Ich habe mich mit meiner Oma sogar besser verstanden als mit meiner Mutter. Und bis heute sind mir die besten Lebensweisheiten meiner Oma eine echte Hilfe in meinem Dasein (»Junge, was soll ich auf Kur? Das ist mir zu anstrengend!« oder »Alle wollen nur mein Bestes, aber das kriegen sie nicht!«). Nein, der Grund für mein Lachen beim Ableben meiner Oma war der folgende: Meine Oma hat jeden Besuch und jedes Telefonat mit der Floskel beendet »wenn ich dann noch lebe …« 38 Jahre lang war das der Soundtrack meines Lebens gewesen, und jetzt plötzlich war meine Oma wirklich gestorben. Da musste ich einfach lachen.

Mein Vater lief bei besagtem Telefonat am 8.8.2011 zur Beamten-Höchstform auf und zeigte, wie sehr er mehr Brain als Body war. Er fragte mich: »Du bist ja im Urlaub. Willst du denn zur Beerdigung kommen?« (Nö, Vater, das ist ja nicht so wichtig, wenn die Mutter stirbt. Ich liege hier lieber weiter auf dem Campingplatz rum.) – Boooaaahhh, aber so ist er halt, mein Vater. Natürlich habe ich mich in mein Auto gesetzt und bin die 940 Kilometer bis Hagen gefahren. Diesmal auch mit meiner Freundin. Natürlich wollte ich meine verstorbene Mutter noch einmal sehen. Allerdings kam ich so verspätet im Krankenhaus an, dass die Mitarbeiter meine Mutter schon in eine Schublade der Kühlkammer gelegt hatten. Als ich an der Pforte vorsprach, vergewisserte sich der Pförtner zunächst, ob ich psychisch in der Lage war, es auszuhalten, dass meine Mutter wie in einem schlechten *Tatort*-Krimi vor meinen Augen aus der Schublade gezogen werden würde. Ganz ohne Kerzen, Jesuskreuz und Kranz. Zudem würde an ihrem großen Zeh ein Zettel baumeln. Ich konnte bestätigen, dass ich selbst schon mal im Krankenhaus gearbeitet hätte und dass dies für mich kein Problem darstellen würde. Also führte mich ein Pfleger in die Kühlkammer. Obwohl ich selber Arzt bin und obwohl ich jahrelang wusste, dass die kardiale Situation meiner Mama alles andere als rosig war (meine Mutter hatte sich in den letzten Jahrzehnten einen Scheißdreck um ihren hohen Blutdruck gekümmert), hat mich die Situation doch einigermaßen mitgenommen. In der Kühlkammer fing mein rechtes Knie dermaßen an zu zittern bzw. zu wackeln, dass jeder Neurologe mir eine handfeste Nervenkrankheit attestiert hätte. Der Pfleger zog die Schublade auf, und dort lag sie: meine tote Mutter. Ich konnte nicht weinen. Natürlich war ich trotzdem traurig. Der Pfleger ließ uns allein. Ich habe mich ein paar Minuten neben die Schublade gehockt und mich dann so von meiner Mutter verabschiedet, wie ich es seit meinem 15. Lebensjahr getan habe. Denn im Gegensatz zu meinem Vater war meine Mutter 100 Prozent Body. Als Kind wurde ich von meiner Mutter totgekuschelt. Als pubertärem Teenager ist einem das natürlich irgendwann zu viel, und ich habe mir damals jegliche körperliche Zuwendung meiner Mutter verbeten. Doch sogar ich als bockiger Teenager mit erster Knutsch-Freundin spürte nach ein paar Wochen, dass meine Mutter extrem darunter gelitten hat. Also habe ich damals meiner Mutter gesagt: »Pass auf, ich will nicht mehr so viel mit dir kuscheln, aber ein dreifaches Begrüßungs- und Abschiedsküsschen auf die Wangen ist okay.« Deshalb habe ich dieses Ritual auch bei meiner toten Mutter durchgeführt. Küsschen links, Küsschen rechts, Küsschen links. Dann habe ich die Schublade mit meiner toten Mutter eigenhändig wieder in die Wand zurückgeschoben. In dieser Sekunde – also beim Schreiben dieser Zeilen im Februar 2024 – bemerke ich, dass meine Mutter exakt drei Jahre nach meinem letzten Insulinspritzen verstorben ist. Bisher konnte ich mir den 8.8.2011 immer gut durch den dämlichen Werbespruch meiner ehemaligen Chefin Verona Feldbusch merken: »11880 – da werden Sie geholfen«.

Meine Nichte

22

Wie bereits berichtet, war der Sonntagsbesuch meiner Familie bei den Eltern meiner Mutter ein fixer Termin. Bis zur Mitte meiner Pubertät bin ich jeden Sonntag mitgefahren. Meine Mutter hatte ein wahnwitziges Verhältnis zu ihrer Mutter. Sie hat Oma jeden Tag viermal angerufen und zweimal in der Woche besucht. Einmal in der Woche mit dem Linienbus und einmal bei besagtem sonntäglichen Familienausflug. Darüber hinaus hat meine Mutter ihren Eltern immer die Wäsche gewaschen. Tragisch ist, dass meine Mutter mit 67 Jahren sozusagen verspätet in die Pubertät eingetreten ist. Mama bockte und hat sich tatsächlich mit ihrer Mutter gestritten. Oma war zu diesem Zeitpunkt 88 Jahre alt. Die Damen hatten damals sogar fünfeinhalb Wochen Funkstille, und keine Wäsche wurde gewaschen. Meine Oma hat diese Eskalation beendet, indem sie in ihrer Wohnung tot umgefallen ist. Danach ging es mit meiner Mutter rapide bergab. Sechs Jahre später war sie auch tot.

Ich habe mich viele Jahre gefragt, warum das mit meiner Mutter und meiner Oma so gekommen ist. Das mit der wahnsinnig engen Beziehung. Sicherlich spielte die Tatsache eine Rolle, dass meine Mutter bis zu ihrem 27. Lebensjahr zusammen mit meiner Oma und meinem Opa in einer 40 Quadratmeter großen Wohnung gelebt hat. Dort gab es eine Küche, ein Wohnzimmer und ein Schlafzimmer. Ein eigenes Zimmer hat meine Mutter nie besessen. Ein Badezimmer gab es übrigens auch nicht, und die Toilette war eine halbe Treppe tiefer. Außerdem darf man nicht vergessen, dass meine Mutter 1938 geboren ist. Mein Opa ist natürlich als Soldat in den Zweiten Weltkrieg gezogen. Deshalb hat meine Oma ihr einziges Kind die ersten Jahre ganz allein versorgt und hatte dazu noch die ständige Angst, dass der Opa nicht lebend aus dem Krieg zurückkommen würde. Im Jahr 1944 bekam meine Oma tatsächlich eine schriftliche Mitteilung vom Kriegsministerium, in der stand, dass Opa gefallen sei. Meine Oma hat das damals einfach nicht geglaubt. Hat sie wenigstens immer behauptet. Meine Oma hat mir diesen Schrieb kurz vor ihrem Tod gezeigt. Er existiert tatsächlich. Und das Bauchgefühl meiner Oma hatte Recht. Das Ministerium hatte sich einfach vertan. Mein Opa kam quicklebendig und nach nur kurzer Gefangenschaft zurück nach Hagen. Trotzdem sind das natürlich mehr als gute Gründe, eine innige Beziehung zu seinem Kind aufzubauen. Faul wie meine Oma war, wollte sie sich vielleicht aber auch einfach nur von meiner Mutter ihr Leben lang die Wäsche waschen lassen. Eine Waschmaschine hat meine Oma nämlich ihr gesamtes Leben nicht besessen.

Hätte ich Kinder, würde ich solche Zustände niemals zulassen. Kinder müssen von klein auf an andere Erwachsene ausgeliehen werden. Oder wie es doch so schön heißt: »Du brauchst ein ganzes Dorf, um ein Kind zu erziehen.« Niemand weiß das besser als meine Schwägerin. Denn meine

Schwägerin ist Erzieherin und hat ihre Tochter (also meine Nichte) am 28. Juni 2011 zur Welt gebracht. Und schon 13 Monate später hat sie meiner Frau und mir ihr Kind für ein Wochenende ausgeliehen. Sie ahnte, dass meine Nichte und ich uns gut verstehen würden. Am ersten Weihnachtsfeiertag des Jahres 2011 war ich zu Besuch bei meinen Schwiegereltern. Die gesamte Familie meiner Frau war anwesend. Auch die Familie meiner Frau neigt zum Lebensmotto »mehr Brain als Body«, allerdings nicht so ausgeprägt wie mein Vater. Meine Schwägerin und ich sind da ganz anders. Auf jeden Fall lag meine damals sechsmonatige Nichte in ihrer Babyschaukel auf dem Fußboden, während alle anderen Erwachsenen um den Wohnzimmertisch herumsaßen und über steuerliche Aspekte, Weltpolitik und den CO_2-Wert diskutierten. Mein Schwager arbeitet bei einem Umweltinstitut, also war das Thema bei uns schon im Jahr 2011 heiß. Ich fragte meine Schwägerin, ob ich mal ihre Tochter aus der Babyschaukel nehmen dürfte. Sie bejahte. Der Abend endete dann so, dass meine Nichte und ich uns in einen Ich-halte-mich-mit-den-Händen-bei-meinem-Onkel-fest-und-hüpfe-so-hoch-wie-ich-nur-kann-Overkill hineingesteigert haben. Mein Schwager meinte später, dass er sein Kind so noch nie erlebt habe. Seit diesem Tag sind meine Nichte und ich ein Dream-Team. Und ähnlich wie meine Oma ihre Lebensweisheiten in mich gepflanzt hat, konnte ich meine beiden besten Sinnsprüche in meiner Nichte verankern: »Weil wir es können« und »Geld muss fließen«.

Die Politik sollte ein Gesetz erlassen, dass sich jeder erwachsene Mensch mal richtig um mindestens ein Kind kümmern müsste. Denn kleine Kinder haben eine komplett andere Sicht auf die Welt. Sie zwingen dich in ein völlig anderes Leben, auch wenn du gar nicht der wirkliche Vater oder die wirkliche Mutter bist. Als meine Nichte das erste Mal bei mir war, konnte sie gerade eben laufen. Also beschloss ich, dass wir beide einen Ausflug vor das Haus machen. Ich wollte zu einem ungefähr 60 Meter entfernten Sandkasten mit Stahlfeder-Schaukelpferd auf einer öffentlichen Wiese gehen. Für diese Expedition hatte ich ein Zeitfenster von 90 Minuten vorgesehen. Doch ich habe es in diesen 90 Minuten mit meiner Nichte genau drei Treppenstufen auf der Außentreppe meines Hauses hinab geschafft. Denn meine Nichte entdeckte auf jeder Treppenstufe eine ganze neue Galaxie. Sandkörner, Blattstängel, ganze Blätter, Risse im Mauerwerk, kleine Unkrautpflänzchen – alles war unfassbar toll. Den Höhepunkt bildete eine lebende Ameise. Meine Nichte ist durchgedreht. In dieser Sekunde wurde mir klar, warum einige Menschen so gerne Kinder haben: Kinder sind die perfekte Ausrede, im eigenen Leben gar nichts mehr zu machen. Wenn du es zulässt, absorbieren Kinder deine ganze Energie und machen jegliche eigene Aktivität komplett zunichte. Wohlgemerkt, man muss das als Elternteil nicht zulassen – aber man kann es zulassen. Da zudem jeder halbwegs psychisch gesunde Mensch in einen totalen Hormon-Overkill gerät, wenn er es mit kleinen Kindern zu tun hat, ist es für mich kein Wunder, dass begeisterte Eltern einem kinderlosen Manager einfach nicht erklären können, warum sie in ihrer Elternwelt so zufrieden sind.

Etwas später trat noch meine Nachbarstochter als zweites Ersatzkind in mein Leben ein. Unsere Connection begann, als wir zusammen in einen Indoorspielplatz gefahren sind.

Denn als Musiker habe ich wochentags nichts zu tun, während alle anderen Erwachsenen am Malochen sind. Ich war damals 47 Jahre alt und musste mit den ganzen anderen (jungen) Eltern durch die Kletteranlagen robben. Aber ich habe mich ganz gut geschlagen. Apropos: Hochgewichtige junge Mütter mit Migrationshintergrund sitzen im Indoorspielplatz auch mal gerne ausschließlich mit dem Handy und Süßigkeiten in der Cafeteria. Eigentlich zog ich an diesem Tag einen ganzen Rattenschwanz an fremden Kindern mit Migrationshintergrund hinter mir her. Meine Nichte und meine Nachbarstochter sind fast gleich alt, und obwohl sie sich nur einmal im Monat sehen, bezeichnen sie sich bis heute als beste Freundinnen. Beide Mädchen haben zu mir »Papa« gesagt, als sie klein waren. Vielleicht, weil ihre kindlichen Gehirne mit der komplexen Situation einfach überfordert waren, vielleicht auch nur, weil die beiden Schlawiner sehr schnell registriert hatten, dass sie von mir einen doppelt so großen Eisbecher bekommen konnten, wenn sie zuvor gefragt hatten: »Papa, kaufst du mir ein Eis?«

Ich habe von den Mädchen viele Dinge gelernt, die mein Leben verändert haben. Erstens: Mit Kuscheltier in der Hand und Schnuller im Mund kannst du alle Herausforderungen des Lebens angehen. Eigentlich bleibt das bei uns Erwachsenen ja auch so, nur mit Fluppe und Bierflasche. Der Erwachsene hingegen lernt ebenso mit neuen Herausforderungen klarzukommen, wenn er mit zwei dreieinhalbjährigen Mädchen in den Zoo geht und die Damen erst von mehreren Ziegen – Terminatoren gleich – im Streichelzoo verfolgt und auf einen hohen Felsen gejagt werden, um dann jeweils mit starkem Stuhldrang sofort auf die Toilette zu müssen, was jedoch nicht geht, weil ja ringsum die Terminatoren-Ziegen lauern.

Zweitens: Kleinen Kindern ist egal, wo das Geld herkommt, mit dem du ihnen ein Eis kaufen kannst. Derjenige Erwachsene, der die meisten Eisportionen kaufen kann, ist der bessere Freund. Seither habe ich überhaupt kein Problem damit, auch irgendwelche miesen, aber gut bezahlten Entertainer-Jobs anzunehmen. Wahrscheinlich könnte ich sogar in der Nahrungsmittelindustrie anfangen.

Drittens: Kleine Kinder wollen tagsüber bespaßt werden. Je alberner, desto besser. Abends wollen Kinder immer dieselbe Gutenachtgeschichte vorgelesen bekommen. Hast du diese Geschichte vorgelesen, dann schreien sie »NOOCHMAAAAAAL«. Also liest du dreimal am Abend die langweiligste Geschichte von »Bobo Siebenschläfer« vor. Seither ist mir auf einer Bühne nichts mehr peinlich, und ich spiele gerne auch diejenigen Songs fürs Publikum, die ich selber schon seit Jahren nicht mehr hören kann, auf die das Publikum aber total steil geht.

Ich habe lange über meine eigene Zeit im Kindergarten nachgedacht. Ich weiß fast nix mehr, alle Erinnerung ist weg. Aber ich weiß noch, dass ich jeden Tag auf einem roten Tretroller aus Stahlblechrohren mit Hebelbremse am Hinterrad den steilen Spielbrink-Berg runtergeschreddert bin. Ich kenne erwachsene Menschen, die würden nicht mit einem vollgefederten Mountainbike mit Scheibenbremsen diesen Weg fahren, den ich damals zurückgelegt habe. Bis heute kann ich ganz gut mit dem Rad bergab fahren. In unserem Viertel gab es viele Kinder, doch letzten Endes habe ich fast nur mit Martin und Thomas gespielt, meinen besten Kumpels. Wir hassten und wir liebten uns. Am Dienstag noch Thomas mit voller Wucht mit den Rollschuhen ins Gesicht getreten (nachdem er zuvor seinen Hockey-Schläger auf meinem Körper zerschlagen hatte), am Mittwoch war alles vergessen und ich klingelte bei Thomas zum Spielen an. Und als sei nichts passiert, ließ mich Thomas hinein. Apropos Rollschuhe: Martin hatte *Hudora*-Rollschuhe mit Stahlrollen, etwa wie ganz normale Kugellager. Super laut. Die waren sogar in den 70ern schon völlig überholt. Die Nachbarn wussten immer, wo Martin gerade mit seinen Rollschuhen fuhr. Lärm – Lärm – Lärm. Da wir manchmal für unsere inoffizielle Weltmeisterschaft im Rollschuh-Laufen trainierten, mussten wir schon mal 50 Runden um den Block fahren. Ein Junge muss tun, was ein Junge tun muss. Da konnte es vorkommen, dass Martin in der 48. Runde in den Körper eines erbosten Nachbarn rauschte, weil dieser einfach keinen Bock mehr auf den Krach hatte und sich Martin in den Weg stellte.

Ab 1973 dann Grundschule. Mädchen blieben in meinem Leben – wie auch im Leben meiner Kumpels – während der ganzen Grundschulzeit außen vor. Offiziell hassten wir Mädchen, inoffiziell hatte jeder von uns einen heimlichen Schwarm. Irgendwann tauchte in unserer Grundschule die Redewendung »Schwuli« auf. Du bist ein Schwuli, der ist ein Schwuli, alle waren wir Schwulis. Keiner von uns Jungs hatte natürlich irgendeine Ahnung, was »Schwuli« heißen könnte, aber wir haben alle sehr schnell bemerkt, dass die Erwachsenen irgendwie auf dieses »Schwuli« reagierten. Geil. Nach ungefähr einer Woche fragte meine Mutter mich beim Mittagessen, ob ich denn wisse, was »Schwuli« heißt. Ich antwortete, dass ich keine Ahnung hätte. Daraufhin sagte meine Mutter, dass Schwulis nur Männer mögen und Frauen nicht so sehr. Na prima, hab ich doch gesagt: Wir sind alle Schwulis, denn Mädchen sind doof. Dieser legendäre Antwortversuch meiner Mutter ging so sehr in die Hose, wie etwas nur in die Hose gehen kann. Es dauerte mindestens drei Monate, bis wir Jungs den Spaß am Wort »Schwuli« verloren hatten. Etwas später war es mit der Aufklärungsbereitschaft meiner Mutter nicht viel besser bestellt, denn als das Wort »ficken« auftauchte – irgendjemand hatte es an eine alte Garage gesprayt – kam es zu einem ähnlichen Dialog: »Weißt du denn, was ficken bedeutet?« – »Nein!« – »Na gut.« Ich muss vielleicht dazusagen, dass alle Eltern in unserer Straße sich verabredet hatten, ihren Kindern keine *Bravo* zu kaufen. Die sexuelle Revolution und die damit verbundene sexuelle Aufklärung hatte sich bis Mitte der Siebzigerjahre definitiv nicht in meiner Straße verbreitet.

23

Sex, Drugs und Rock 'n' Roll

Natürlich war der Tod meiner Mutter im Jahr 2011 ein einschneidendes Ereignis. Meine Blutzuckerwerte sind damals auch für mindestens zwei Monate total durch die Decke geschossen. Denn Stress hebt bekanntlich den Blutzuckerspiegel. Ich musste in dieser Zeit nur eine Scheibe Brot oder einen Apfel essen und schon war mein Blutzucker auf Werte über 300 geklettert. Das hat sich jedoch von allein wieder runterreguliert. Instinktiv habe ich außerdem einige Dinge angeleiert, die ich schon seit Jahren hätte tun sollen. Zum Beispiel mein altes Kinderzimmer aufräumen, das sich unter dem Dach im Haus meines Vaters befindet. Dort hingen an einer geblümten Tapete immer noch meine *Nena*- und *Duran Duran*-Poster. Zudem lagerten alle meine Comics und alle meine Spielsachen noch in irgendwelchen Schränken. Meine Mutter wollte einfach nichts von dem wegtun, was uns Kindern gehört hat (die Sachen meines Bruders lagen noch unten in der Wohnung meiner Eltern). Meine Eltern hatten in den Jahren seit meinem Auszug außerdem allen Pröttel in dieses Zimmer gestopft, der in der Zwischenzeit angefallen war. Ich bin mit meinem Kleinbus mehrere Male nach Haspe gefahren und habe stundenlang die Sachen aus dem dritten Stock in mein Auto geschleppt, bis mein altes Kinderzimmer endlich leer war. Unter anderem habe ich die komplette Wohnungseinrichtung meiner im Jahr 2005 verstorbenen Oma in diesem Raum wiedergefunden. Es hat übrigens nur 18 Monate gedauert bis mein Vater das von mir besenrein hinterlassene Zimmer wieder mit irgendwelchem Zeug vollgestellt hatte. Mein Vater sammelt zwar keinen faulenden Müll, aber ansonsten könnte man ihn schon als Messie bezeichnen.

Ebenso habe ich mich kurz nach dem Tod meiner Mutter von meiner Steuerberaterin getrennt. Ich hatte schon jahrelang ein komisches Bauchgefühl gegenüber dieser Frau, aber auch ich kann Sachen ähnlich gut schleifen lassen wie mein Vater. Gefunden hatte ich meine Steuerberaterin im Frühjahr 1999, indem ich einfach in den Gelben Seiten die zu meiner Wohnung nächstgelegene Steuerkanzlei angerufen habe. Aufgrund dieses Vorgehens war ich mir sicher, dass diese Frau mich nicht komplett über den Tisch ziehen würde, da schließlich nicht sie sich bei mir (dem aufkeimenden Superstar mit zu erwartenden Millionen-Einkünften) gemeldet hatte, sondern ich mich bei ihr. Letzten Endes muss ich eingestehen, dass dieser Masterplan nur zur Hälfte aufgegangen ist. Denn in der Tat hat meine alte Steuerberaterin mir keine Schrottimmobilien oder irgendwelche fragwürdigen Finanz-Konstrukte aufgehalst, sodass mein ganzes Geld dabei draufgegangen wäre. Und sie hat mir zu einer Lebensversicherung geraten, die Ende 2022 ausgezahlt wurde. Doch niemand, wirklich niemand konnte mir Ende 2022 sagen, was ich mit dem Geld am besten machen sollte. Aber meine Steuerberaterin hat am Ende ihren Job überteuert ausgeübt.

Mein neuer Steuerberater hat mich später darauf aufmerksam gemacht, dass sie immer bis auf den letzten Cent die maximal erlaubte Bezahlung für ihre Arbeit von mir gefordert hat. Ich habe den Gegenwert eines sehr schönen deutschen Premium-Kfzs zu viel an diese Frau gezahlt. Sei es drum.

Und dann gab es im Herbst 2011 diesen folgenschweren Donnerstagabend, an dem ich allein daheim saß und Langeweile hatte. Meine Frau war Tango tanzen, und ich hatte weder Bock auf Fahrradfahren, Saufen, TV-Schauen oder Basteln. Ich habe stattdessen vor lauter Langeweile im Internet nach mir selbst gegoogelt. Das hatte ich zuvor nur genau einmal gemacht, und zwar 2003. Immer, wenn ich im Internet nach mir selbst google, lache ich über die falschen Informationen, die bis heute bei Wikipedia über meine Person stehen. Da steht nämlich, ich sei Gefäßchirurg. Dieser Satz steht da nur, weil die *Bild*-Zeitung im Jahr 1999 bei allen Limpinsels in Hagen angerufen hat. Von uns gibt es ja nicht so viele, da konnte die *Bild*-Zeitung so vorgehen. Dann hatte die *Bild*-Zeitung irgendwann meine Mutter am Telefon. Und meine Mutter hat der *Bild*-Zeitung eben das erzählt, was sie dachte, dass richtig sei. Unter anderem, dass ich Gefäßchirurg sei. Ich habe aber damals hauptsächlich als AiPler in der Gefäßchirurgie gearbeitet. Das ist ein kleiner, jedoch feiner Unterschied. Bis zum Gefäßchirurgen hätte ich noch mindestens sechs Jahre weiter in meiner Ausbildung sein müssen. Bis heute bin ich nämlich einfach nur Arzt. Zwar promoviert, aber einfach nur Arzt. Ich dürfte noch nicht einmal eine Hausarztpraxis aufmachen. Dafür braucht man nämlich heute den Facharzttitel »Allgemeinmediziner«.

Wäre der Reporter der *Bild*-Zeitung persönlich bei meiner Mutter erschienen, hätte meine Mutter ihm auch die letzte von mir im Bett eingepinkelte Unterhose gezeigt. (Die gibt es zwar nicht, aber das ist so ein schöner Vergleich.) So sind Mütter nun mal.

Besagter Donnerstagabend endete dann damit, dass ich im Internet nach Stellenannoncen für Ärzte gegoogelt habe. Das wiederum habe ich in den Jahren 1999 bis 2011 ungefähr einmal im Jahr getan. Und spätestens, wenn ich zehn Minuten durch die Angebote gescrollt hatte, lief mir ein wohliger Schauer den Rücken runter. Ich habe den Computer zugeklappt und war glücklich, Mambo Kurt zu sein. Denn was damals so alles für Anforderungen an meine ärztlichen Kollegen gestellt wurden, das lag meinem persönlichen Naturell vollkommen zuwider. Nachtdienste, Bereitschaftsdienste, Wochenenddienste. So viel Geld kann man mir gar nicht zahlen, dass ich dafür meine Holiday-Life-Balance aufgebe. Denn vom Gefühl her denke ich seit 1999, dass ich nicht mehr arbeite. Das stimmt natürlich nicht. Wenn man jede Minute zusammenzählt, die ich in Sachen Mambo Kurt unterwegs bin (Interviews geben, Auto fahren, Kabel löten, Orgeln umbauen, Musik machen), dann ist mein Job locker so zeitintensiv, dass ein Lokführer schon einen Beschwerdebrief an seine GDL schreiben möchte. Aber ich sehe die ganze Sache andersherum. Alles, was ich in meinem Leben gerne tue, bündelt sich in der Figur Mambo Kurt. Ich bastele gerne, ich musiziere gerne und ich fahre gerne Auto. Außerdem reise ich gerne und schaue mir andere Städte und Landschaften an. Früher musste ich diese Dinge sozusagen einzeln und ohne Zielgerichtetheit abfrühstücken. Heute tue ich alles als Mambo Kurt. Deswegen fahre ich privat überhaupt nicht mehr Auto, sondern erledige in Bochum alles mit dem Fahrrad.

Doch an diesem Donnerstagabend 2011 war alles anders. Ich stolperte über eine Stellenannonce des *FID Verlages* aus Bonn. Das ist ein kleiner Fachverlag, dessen Geschäftsmodell darin besteht, dass er sogenannte Newsletter herausbringt. Der Verlag hat mehrere Dutzend Newsletter im Angebot. Es gibt sozusagen für jedes Themengebiet im menschlichen Leben einen Newsletter. Die Stellenannonce hörte sich super an. Sie lautete sinngemäß: »Der *FID Verlag* sucht Autoren für seine Newsletter. Wenn Sie es schaffen, komplizierte Sachverhalte in Sätzen von höchstens acht Wörtern zusammenzufassen, dann schicken Sie uns Ihre Bewerbung.« Noch am selben Abend habe ich meine Bewerbung geschrieben und an die zuständige Stelle geschickt. Ich schrieb, dass ich promovierter Mediziner sei und dass bei mir in meinem 40. Lebensjahr Diabetes ausgebrochen wäre. Das sei passiert, weil ich zu viel Stress gehabt hätte und der Fokus meines Lebens zu sehr auf Sex, Drugs und Rock 'n' Roll gelegen hätte, denn ich sei seit 1999 Profi-Musiker (ja, ich habe tatsächlich die Worte »Sex, Drugs und Rock 'n' Roll« in meine Bewerbung geschrieben). Dann hätte ich meinen Lifestyle geändert und wäre deswegen meinen Diabetes wieder losgeworden. Darüber würde ich gerne ein Buch schreiben. Ich legte meiner Bewerbung zwei Seiten eines Diabetes-Manuskriptes bei, das ich kurze Zeit vorher an einem Dayoff auf Tour angefangen hatte. Der Arbeitstitel war »Mein Kampf«. Ich schilderte darin meine eigene Erfahrung als Mensch mit Diabetes. Das Manuskript von »Mein Kampf« ist mittlerweile in einem anderen meiner zahlreichen Bücher über Diabetes aufgegangen.

Ich wurde kurze Zeit später vom Verlag zu einem Vorstellungsgespräch eingeladen. Die Chefin sagte mir, dass sie anfangs nicht gewusst hätte, ob ich sie verarschen will. Dann ist sie mit meiner ausgedruckten Bewerbung zu einer jungen Mitarbeiterin gegangen, die im Verlag als Heavy-Metal-Fan bekannt war. Meine Chefin in spe fragte die Dame, ob dieser Mambo Kurt das wohl ernst meine. Nachdem die Mitarbeiterin dies bejahte, wurde ich eingeladen. Ich habe den Job tatsächlich bekommen. Um genau zu sein: Der Verlag hat extra für mich einen neuen Diabetes-Newsletter ins Leben gerufen. Und um diesen Newsletter zu bewerben sollte ich erst mal ein Buch schreiben mit dem Titel »Diabetes heilen in 28 Tagen«. Es erschien im Herbst 2012. Der Verlag ist gewohnt, dass von einigen seiner Bücher nicht wirklich viele Exemplare verkauft werden. Manche Autoren sind schon froh, wenn über zwölf Monate mehr als 50 Exemplare in den Versand gehen. Von meinem Diabetesbuch haben wir in den ersten sechs Monaten über 8000 Stück verkauft. Ab diesem Moment erinnerte sogar der Chef des *FID Verlages* meinen Namen. Alle Mitarbeiter des Verlages kannten mich dann spätestens seit dem *W:O:A* im nächsten Sommer. Denn ich spielte wie immer auf der großen Partybühne am Mittwoch und habe die Metal-Fans dazu aufgefordert »FID FID FID« zu skandieren. Das haben die Metal-Fans auch getan, und ich habe das Video davon an drei Mitarbeiter im Verlag geschickt. Einen Tag später wusste auch der Praktikant, warum dieser Doktor Limpinsel von seinen Chefinnen Mambo genannt wird und sich duzen lässt. Im Frühjahr 2014 startete dann mein Newsletter »Besser leben mit Diabetes«. Bis heute bin ich der Chefredakteur und bis heute schreibe ich alle meine Artikel selbst.

Der *FID Verlag* arbeitet mit dem Geschäftsmodell des Eigenvertriebs. Du kannst die Bücher und die Newsletter nicht im normalen Buchhandel beziehen. Deswegen macht der *FID Verlag* natürlich viel Werbung im Internet. Und wie die Werber im Verlag so schön sagen: »Online-Werbung muss laut sein.« So war es kein Wunder, dass damals die ganze deutsche Medienlandschaft davon erfuhr, dass ich ein Buch über Diabetes geschrieben hatte. Ich fand mich plötzlich in der Yellow Press und in der *Apotheken Umschau* wieder. So wurde auch eine Diabetes-Organisation aus Berlin auf mich aufmerksam. Diese lud mich im Herbst 2013 zu einer Diabetesgala nach Berlin ein. Vor der Halle war tatsächlich ein roter Teppich ausgerollt. Als ich über diesen roten Teppich schlenderte, haben die Fotografen einfach weiter Zigarette geraucht. Von mir existiert kein Foto, wie ich als hoffnungsvoller Jung-Autor in Sachen Diabetes die Diabetesgala betrete. Direkt nach mir hat Barbara Schöneberger den Teppich geentert. Und eine absolute Blitzlicht-Hölle brach los. Ich habe mehrere Minuten mit offenem Mund dagestanden und gestaunt, welches subversiv erotische Spiel ein professioneller VIP mit den Fotografen zu treiben vermag. Auf der Diabetesgala war meine Aufgabe, einen Scheck von einem großen Insulinhersteller in Empfang zu nehmen, ein paar Hände zu schütteln und ein paar Fotos machen zu lassen. Direkt vor mir war der bekannte Berliner Promi-Friseur Udo Walz mit exakt derselben Aufgabe betraut. Udo war einer der ganz wenigen deutschen Prominenten, der ganz offen zu seiner Diabetes-Erkrankung stand. Ich habe Udo an diesem Abend ja nur 30 Minuten lang kennengelernt, aber diese kurze Zeit reichte aus, um mich zu vergewissern, dass der Udo eine Seele von Mensch war. Ich glaube, Udo hätte nichts dagegen gehabt, wenn ich jetzt ausplaudere, dass er viel zu sensibel für sein stressiges Geschäft war. Deswegen war er schokoladensüchtig, übergewichtig und diabeteskrank. Udo hat es durch seinen Promistatus irgendwie sogar geschafft, dass er über eine Insulinpumpe verfügte. Er hätte damit seinen Blutzucker immer perfekt einstellen können. Er hat dies aus irgendwelchen Gründen nicht getan. Udo ist 2020 an Diabetes-Komplikationen gestorben. Mir selbst hat er damals gesagt: »Ich habe immer so Angst vor Unterzuckerungen.« Eben weil Udo jahrzehntelang mit zu hohem Blutzucker durch die Gegend gelaufen ist, litt er leider schon unter massiven Folgeschäden. Er hatte irgendwelche Probleme mit den Füßen und trug Gesundheitslatschen.

Udo betrat also direkt vor mir die Bühne, und im Smalltalk mit dem Moderator erzählte er seine Diabetesgeschichte sinngemäß mit den Worten: »Ja, ich bin der Udo, ich habe Diabetes seit meinem 40. Lebensjahr. Jetzt habe ich schon Folgeschäden und deswegen muss ich diese Gesundheitslatschen tragen.«

Wie gesagt war ich direkt nach Udo dran. Ich konnte nur sagen: »Hallo, mein Name ist Doktor Rainer Limpinsel, und ich habe fast dieselbe Lebensgeschichte wie der Udo. Auch bei mir wurde in meinem 40. Lebensjahr Diabetes diagnostiziert. Auch ich musste Insulin spritzen. Dann habe ich meinen Lifestyle geändert, ungefähr 30 Kilo Gewicht abgespeckt, und seither lebe ich mit gesunden Blutzuckerwerten und ohne jegliche Medikamente. Wir hätten in Deutschland keine Diabetiker mehr, wenn die Politiker die Marmelade verbieten würden.« Rums, das hatte gesessen!

Das zuvor noch deutlich vernehmbare Leck-mich-am-Arsch-ich-bin-froh-wenn-dieses-Symposium-vorbei-ist-und-ich-zum-Buffet-gehen-kann-Gemurmel verstummte augenblicklich. Nach einigen Schrecksekunden sprangen die Kliniker und Ärzte im Publikum auf und gaben mir Standing Ovations.

Die Chefin der Diabetes-Organisation meinte später zu mir, dass ich solche Sprüche besser nicht mehr in der Öffentlichkeit raushauen sollte. Warum nicht? Ist doch die Wahrheit.

Der Wunderheiler 24

Im Jahr 2013 beschloss ich, mit meinem 28-Tage-Bestseller auf eine kleine Lesereise zu gehen. Das war jedoch einfacher gesagt als getan, denn so gut wie keine Apotheke, VHS oder Arztpraxis wollte mich buchen. Kulturzentren und städtische Stellen schon mal gar nicht. Wohlgemerkt, ich hätte ganz ohne Gage gearbeitet. Am Ende bestand meine Lesereise im Jahr 2013 aus fünf Veranstaltungen. Bei einer Lesung kam überhaupt kein Zuschauer, und bei den vier verbliebenen insgesamt 17. Im Nachhinein wurde mir klar, dass die örtliche Presse unsere Vorab-Informationen achtlos in den Papierkorb geworfen hatte. Ich war damals der erste Autor, der in Bezug auf Diabetes das Wort »Heilung« benutzt hatte. Die Presse hat mich schlicht als Wunderheiler oder Quacksalber abgetan.

Mittlerweile gibt es viele Studien, die bei Diabetes von Heilung sprechen. Auch andere Autoren haben später Bücher auf den Markt gebracht, die bei Diabetes von Heilung sprechen. In den USA würde das auch keine Probleme machen. Aber die deutsche Schulmedizin mag es überhaupt nicht, wenn man bei Diabetes den Begriff »Heilung« verwendet. Die Wettbewerbszentrale schon mal gar nicht. Denn

Ärzte dürfen keine Heilungsversprechen abgeben, und was ist in dem Fall, wenn ein Mensch im Alter von 50 Jahren durch die Tipps in meinen Büchern seinen Diabetes los wird, der Diabetes aber im Alter von 95 Jahren zurückkommt? Dann war es ja keine Heilung, und deswegen darf ich nicht von Heilung sprechen. Die Wettbewerbszentrale hat den *FID Verlag* deshalb auch wegen des Titels verklagt. So heißt mein Buch jetzt »Diabetes bekämpfen in 28 Tagen«. Der Inhalt ist bis auf die letzte Silbe identisch geblieben.

Seit 2013 bin ich immer mal wieder zu TV-Shows als Diabetes-Fachmann eingeladen worden. Mein größter Bücher-Verkaufserfolg kam nach einer Ausstrahlung der Sendung »Kölner Treff« (WDR). Ich hatte mittlerweile auch einen anderen Verlag *(TRIAS)*, der ganz normal im Buchhandel seine Bücher verkauft. Hier sind zum Beispiel die Titel »Schatz, der Bauch muss weg« oder »Der Anti-Diabetes-Plan« erschienen. Auf jeden Fall haben wir in den ersten 24 Stunden nach der Ausstrahlung des Kölner Treffs mehr als 8000 Exemplare meines damals aktuellen Buches verkauft. Der Verlag musste nachdrucken lassen. Seither kennt auch die Chefetage bei *TRIAS* meinen Namen. Ich habe es sogar für einen Tag bis auf Platz 4 der Amazon-Bestsellerliste in der Kategorie »Sachbuch« geschafft.

Es ist immer das Gleiche, wenn ich als Diabetes-Fachmann von Fernsehen oder Rundfunk eingeladen werde. Immer wollen die Redaktionen unbedingt den Bogen zu Mambo Kurt spannen. Im Fernsehen benutzt die Redaktion dafür stets einen Trailer, der vor meinem Interview gezeigt wird. In diesem Trailer bin ich zu sehen, wie ich in Wacken Heimorgel spiele. In diesen Momenten verleugne ich mich im TV-Studio regelmäßig selbst. Meine ersten Worte nach dem Ende des Trailers sind in so einem Fall: »Ja, das ist ja ein verrückter Vogel, dieser Mambo Kurt. Mein Name ist Doktor Rainer Limpinsel und ich habe dieses Diabetesbuch geschrieben.« Dann halte ich sofort mein Buch in die Kamera. Die Rentner, die meine Diabetesbücher kaufen, haben noch nie bemerkt, dass Mambo Kurt und Dr. Rainer Limpinsel ein und dieselbe Person sind. Junge Menschen kaufen leider keine Diabetesbücher. Das ist eine Schande, denn heutzutage bekommen schon Kinder Diabetes. Wohlgemerkt, Diabetes Typ 2 und nicht Diabetes Typ 1. Diabetes Typ 2 galt in meinem Studium noch ganz klar als Diabetes der alten Menschen. Hätte ich meinem Professor im Staatsexamen gesagt, dass zwölfjährige Kinder Diabetes Typ 2 bekommen können, dann hätte mich mein Professor hochkant aus dem Examen geworfen. Heute sind Kinder mit Diabetes Typ 2 leider die traurige Realität.

Obwohl ich niemals einen Lehrgang gemacht habe und mir noch nicht mal im Nachhinein meine Medienauftritte anschaue, muss ich doch konstatieren, dass ich über die Jahre lässiger im Umgang mit den Medien wurde. Vielleicht bin ich sogar schon ein kleiner Medienprofi geworden. Am Anfang der Karriere von Mambo Kurt war das jedoch überhaupt rein gar nicht der Fall. Ich weiß noch, wie mich mein *Major*-Label für eine Werbeaktion auf der Gelsenkirchener Trabrennbahn eingesetzt hat. Damals gab es für jedes Rennen auf der Trabrennbahn einen Promi in dem Sinn, dass das Rennen den Namen des Promis trug und der Promi in natura auf der Trabrennbahn zugegen war. Es gab also irgendwann im Sommer des Jahres 1999 ein Mambo-Kurt-Pferderennen auf der Gelsenkirchener Trabrennbahn. Dort hat mich ein Reporter gefragt, was ich denn so von Pferden halten würde. Und ich habe wahrheitsgemäß geantwortet: »Ich mag Pferde nicht, die sind mir zu groß. Ich habe Angst vor Pferden. Wegen mir können die alle zu Wurst verarbeitet werden.« Gut, dass ich diesen Spruch 1999 rausgehauen habe und er irgendwo in der Gelsenkirchener Lokalpresse versickert ist. Heutzutage hätte mir das mit Sicherheit einen 1 A Shitstorm eingebracht.

Auch schon 1997 hatte ich ähnlich tief ins Klo gegriffen. Damals hatte mich irgendein Veranstalter auf irgendein Sommerfest am Essener Baldeneysee eingeladen. Es waren jedoch so gut wie gar keine Zuschauer gekommen. Das lag nun nicht an mir, dem unbekannten Heimorgelspieler. Das ganze Sommerfest war menschenleer. Ursache war, dass Lady Diana in Paris im Daimler vor die Tunnelwand gekracht war. Alle Deutschen saßen wie gebannt vor den Fernsehern und keiner wollte auf ein Sommerfest. Als mich ein Journalist der *WAZ* fragte, wie ich das Sommerfest denn finden würde, habe ich genau diesen Sachverhalt in sein Mikrofon diktiert. Zwei Tage später hat mich der Veranstalter wutentbrannt zu Hause angerufen. Er schrie mich an, wie ich auf die Idee kommen könne, das mit Diana der Presse zu erzählen. Ich wiederum habe mich gefragt, wie ich das bitteschön hätte verschweigen können.

Der fahrende Aschenbecher

25

Holger Hübner ist definitiv ein Macher. Immer, wenn wir beide uns zufällig irgendwo treffen, entwickelt er in den nächsten zehn Minuten mindestens zwölf Geschäftsideen für Mambo Kurt. Da sein Heavy-Metal-Festival in Wacken seit Jahren gut lief, war es nur eine Frage der Zeit, bis Holger mit einer neuen Idee um die Ecke kam. 2013 war es dann so weit. Das Wacken-Team bot eine Heavy-Metal-Kreuzfahrt an. Sie nennt sich *Full Metal Cruise* oder *FMC*. Holger lud mich ein, bei der ersten *FMC* mitzufahren. Ich habe sofort zugesagt, obwohl ich privat wahrscheinlich niemals auf die Idee kommen würde, eine Kreuzfahrt zu buchen. Holgers Kreuzfahrten laufen bis heute sehr gut. Ich bin auf den Kreuzfahrten 1 bis 7 mitgefahren. Instinktiv dachte ich mir, dass ich auf diesen Kreuzfahrten ein anderes Outfit als meinen üblichen beigefarbenen Anzug tragen müsste. Also kaufte ich mir im Internet für 24 Euro ein Kapitänskostüm. Im Nachhinein muss ich sagen, dass dies einer der schlauesten Schachzüge in meinem Leben war. Denn ich sehe wirklich schick aus, wenn ich auf dem Sonnendeck an meiner Heimorgel sitze und mein leuchtend weißer Kapitänsanzug in der Sonne glänzt. Das sehen die an Bord anwesenden Fotografen regelmäßig auch so. Deswegen existieren Hunderte von schönen Pressefotos mit mir auf der *FMC*.

Die erste *FMC* war die schönste. Ob ich das hier so sagen darf? Ach, ist mir egal, dieses Buch ist meine Autobiografie, und ich habe das so empfunden. Die erste *FMC* startete in Hamburg, fuhr von Southampton über Amsterdam nach Le Havre, um dann wieder in Hamburg einzulaufen. Das Wetter war eher durchwachsen, und an Bord waren 2000 zahlende Heavy-Metal-Fans. Aus irgendwelchen, mir bis zum heutigen Tage unerfindlichen Gründen fanden damals sehr wenige Frauen den Weg auf das Schiff. Um genau zu sein: Es gab an Bord 1900 Männer ohne Frau, 49 Ehemänner mit Frau und zwei Singlefrauen. Bis zur nächsten Kreuzfahrt hatten die Männer ihren Frauen erzählt, dass das ganz cool sei, und beim zweiten Mal war das Publikum schon zu 30 Prozent weiblich. Spätestens bei der dritten Kreuzfahrt herrschte dann ein ausgewogenes Verhältnis von Frauen und Männern. Ich werde nie vergessen, wie ein hart gesottener Crusader der ersten Stunde sich in der Raucherecke auf dem Sonnendeck bei mir mit den Worten beschwerte: »Boooah, Mambo, diese dritte Kreuzfahrt ist mit Sicherheit meine letzte. Hier ist ja alles voll Weiber.«

Die erste Kreuzfahrt im Jahr 2013 zeichnete sich dadurch aus, dass extrem viele gute Acts aufgetreten sind und dass es ein massives Medienaufgebot an Bord gab. Das ist logisch, das macht Sinn – schließlich sollte diese Fahrt erst mal für ausreichend Bekanntheitsgrad und Werbung für weitere Kreuzfahrten sorgen. Also musste jeder Kunde und Musiker im Vorfeld einen Vertrag unterzeichnen, auf dem stand, dass man nichts dagegen hat, dass man an allen möglichen und unmöglichen Orten gefilmt wird. Die folgenden Kreuzfahrten waren deutlich abgespeckter, was den Medienrummel und das Line-up betraf. Ganz besonders schön (und für den Veranstalter bestimmt ganz besonders kostenintensiv) war die Verpflichtung einer Livekapelle für das Karaoke. Das sah so aus, dass eine vierköpfige Liveband Rock- und Metal-Klassiker darbot. Dazu hatten die Zuschauer die Möglichkeit, auf die Bühne zu kommen und Karaoke zu singen. Denn die Band spielte absolut synchron zu einem Computerbildschirm. Und auf diesem Computerbildschirm hüpfte ganz klassisch die Karaokekugel über den Liedtext, sodass man immer wusste, wo man war. Ich habe mich jeden Abend als Karaoke-Sänger bei dieser Veranstaltung auf der Warteliste eintragen lassen. Ich habe es total genossen, dass hinter mir eine perfekt eingespielte Liveband musizierte und ich vorne am Mikrofon singen konnte. Das war doch mal ganz was anderes als meine üblichen Mambo-Kurt-Auftritte.

Der Geschäftspartner des Wacken-Teams war die *TUI*. Die Arbeitsteilung war ganz simpel. Das Wacken-Team organisierte alles rund um die Musik, und die *TUI* kümmerte sich um das Schiff. Weil wir uns sympathisch waren, bin ich an jedem Feierabend mit Lutz, dem *TUI*-Manager, auf einen letzten Absacker an einer der zahlreichen Bars auf dem Schiff hängengeblieben. Der *TUI*-Manager erzählte Erstaunliches. Zum einen meinte er, dass die Metalheads an einem Tag und an einer einzelnen Bar so viel trinken wie sonst in einer Woche auf dem ganzen Schiff getrunken wird. Damit hatten die Verantwortlichen im Vorfeld natürlich gerechnet. Deswegen gab es ein zeitliches Limit für gewisse Drinks. Rund um die Uhr waren Bier und Wein kostenlos verfügbar. Aber Schnaps und somit auch Longdrinks gab es nur von 18 Uhr bis Feierabend tief in der Nacht. Das führte zu dem schönen Ritual, dass bei jedem dritten Kreuzfahrer Punkt 18 Uhr das Handy in der Kutte klingelte. Dann stürmten alle mit einem Alkohol-Schlachtruf zu den Tresen der Bars: »CAAIIIIIPIRIIIIIIIIIIIINHAAAA!!!«

In der Mitte der ersten Kreuzfahrt meinte Lutz zu mir: »Scheiße, wir haben viele Bayern hier an Bord. Und die haben beschlossen, uns das Weißbier auszutrinken. Das darf uns als professionellem Reiseveranstalter nicht passieren. Wenn wir in Amsterdam anlegen, dann lasse ich zwei LKWs mit Weißbier kommen.« Damals konnte man mit einem riesigen Kreuzfahrtschiff über die holländischen Kanäle direkt bis hinter den Hauptbahnhof von Amsterdam schippern. Dort habe ich sie dann gesehen, die beiden LKWs einer bekannten bayrischen Weißbier-Brauerei. Jeden Abend gab ein Moderator über das Schiffsradio die aktuellen Pegelstände des Alkoholverbrauchs an Bord durch. Ich zitiere jetzt hier den Spruch des dritten Tages. Wortwörtlich habe ich ihn nicht mehr im Gedächtnis, aber die Zahlen haben sich für immer in mein Gehirn eingebrannt: »Hallo liebe Crusader, ich wollte euch hier mal unsere aktuellen Schlagzahlen durchgeben. Wir sind den dritten Tag auf dem Schiff. Wir haben bisher ganze 28000 Liter Bier und 1200 Flaschen Schnaps getrunken. Dazu sind an den Bars insgesamt neun Gläser alkoholfreies Bier ausgegeben worden.«

Man muss dazusagen, dass trotz des nicht unerheblichen Alkoholkonsums an Bord eine vollkommen entspannte und lustige Stimmung herrschte. Wer in der Lage ist, den doch größeren Betrag für die Buchung einer Heavy-Metal-Kreuzfahrt zu bezahlen, der ist meist etwas älter. Und wer älter ist, der weiß, wie er mit Alkohol umzugehen hat. Er weiß aber ebenso, wie viel Alkohol er trinken muss, um auf seine Kosten zu kommen. Insofern gibt es an Bord einer Heavy-Metal-Kreuzfahrt viele Menschen, die mit alkoholischem Standgas durch die Gegend laufen, aber nur ganz wenige Crusader, die ihren Alkoholpegel nicht mehr im Griff haben. Nur am vorletzten Abend eskaliert die Sache manchmal. Denn der vorletzte Abend ist der absolute Party-Overkill. Der letzte Abend wiederum eignet sich dafür nicht, denn am nächsten Morgen um 7:30 Uhr wird man aus der Kabine geschmissen. Nicht wenige Kreuzfahrer habe ich gesehen, die beim Anlegen leicht verkatert zur Pier dackelten, dort ihr Metal-T-Shirt gegen ein blaues Hemd eintauschten und von Mutti im VW Passat Kombi abgeholt wurden.

Nein, richtig gesoffen wird am vorletzten Abend. Ich selbst habe mit meinen eigenen Augen nach der Party am vorletzten Abend folgende Szene beobachtet: Um 4:30 Uhr in der Früh lag ein männlicher Kreuzfahrer im Personenaufzug und schlief. An seinem linken Handgelenk war ein gasgefüllter bunter Party-Luftballon befestigt, der über dem Crusader in der Luft schwebte. Mit seiner rechten Hand muss der Stratege mit seiner letzten willentlichen Handlung des Abends buntes Konfetti in den Aufzug geworfen haben. Diese vollkommen absurde Aktion wurde dadurch abgerundet, dass die Aufzugtüren alle paar Sekunden die Schultern des Partygängers einklemmten und wieder aufgingen und die Schultern wieder einklemmten und wieder aufgingen. Denn der Kollege lag sozusagen nur zu Dreivierteln im Aufzug.

Heavy-Metal-Publikum auf einem Kreuzfahrtschiff verhält sich grundsätzlich anders als normales Publikum auf einem Kreuzfahrtschiff. Oder wie *TUI*-Manager Lutz so schön sagte: »Auf einer normalen Kreuzfahrt fahren die Menschen nur mit, um sich zu beschweren.« Metalheads wollen sich aber auf einer Kreuzfahrt nicht beschweren. Sie wollen auf einer Kreuzfahrt vor allen Dingen Bier trinken. Auch die Bediensteten an Bord hatten sehr schnell verstanden, dass dies keine normale Kreuzfahrt war. Stattdessen haben sie die entspannte Stimmung an Bord genossen und sahen diese Tage mehr oder weniger als bezahlten Urlaub an. Es gab zwei ältere Herrschaften unter den Kreuzfahrern, die offensichtlich bei der Onlinebuchung ihrer *TUI*-Kreuzfahrt das Häkchen in das Kästchen der falschen Woche gesetzt hatten. Denn tatsächlich flanierten die beiden Senioren am ersten Abend in schwarzem Frack und lila Galakleid über das Schiff. Alle anderen Kreuzfahrer trugen 1 A Metal-Outfits. Also Jeans oder Armeehose, Boots, schwarzes T-Shirt und Kutte. Der *TUI*-Manager hat den beiden daraufhin angeboten, die Kreuzfahrt zu stornieren und sie vom nächsten Hafen aus nach Hause fliegen zu lassen. Das ältere Ehepaar hat dieses Angebot abgelehnt. Sie meinten: »Endlich ist auf so einer Kreuzfahrt mal was los.«

Bei der ersten Kreuzfahrt fremdelten die Metalheads noch ein wenig mit den Annehmlichkeiten an Bord. Es gibt nämlich hinten im Heck des Schiffes ein wunderbar großes Restaurant. Dort werden mehrere Gänge serviert, und man kann durch eine riesengroße Glaskuppel ins Freie schauen. Normalerweise sind die Plätze in diesem Restaurant heiß begehrt. Doch bei der ersten Kreuzfahrt war hier absolut nichts los. Die Metal-Fans standen stattdessen rund um die Uhr Schlange vor der Pommesbude auf dem Sonnendeck. Es dauerte mindestens bis zur dritten Kreuzfahrt, bis die Metalheads verstanden hatten, dass folgendes Vorgehen viel lustiger ist: Erst geht man für ein Fünf-Gänge-Menü ins edle Restaurant. Da man dort aber nicht wirklich satt wird, geht man danach halt zusätzlich Pommes essen auf dem Sonnendeck.

Auch bei den Musikern an Bord zeigten sich große Unterschiede, wie die Künstler mit der ersten Heavy-Metal-Kreuzfahrt ihres Lebens umgehen. Zum Beispiel saßen gewisse Sänger von gewissen Mittelalter-Metal-Bands eigentlich rund um die Uhr im Raucherbereich im Heck des Schiffes hinter dem Casino. Das Casino war bei dieser Kreuzfahrt zum Partykeller umfunktioniert worden. Und der besagte Raucherbereich hieß ab dem zweiten Tag nur noch »der fahrende Aschenbecher«. Berühmte weibliche Metal-Sängerinnen hingegen haben ihre Suiten lediglich für ihre Auftritte verlassen. Ich selbst hatte bei der ersten Kreuzfahrt echt viel zu tun, denn Holger Hübner wollte mir Gutes tun. Holger ist Geschäftsmann, bei ihm herrscht das Motto: »Wer viel spielt, der verdient viel Geld.« Also hatte ich auf der ersten Kreuzfahrt in den paar Tagen sage und schreibe 13 Shows an Bord. Dazu gesellten sich noch unzählige Interviews. Denn die mitreisenden Journalisten und TV-Teams hatten schnell herausgefunden, dass ich das perfekte Bindeglied zwischen den ganz normalen deutschen Bürgern und der optisch düsteren Metal-Szene bin. So viele Interviews in so kurzer Zeit wie auf der ersten Kreuzfahrt habe ich nie wieder in meinem Leben geben müssen.

Hochzeitsglocken und neue Projekte

26

In den Jahren 2013–2019 plätscherte mein Leben so dahin. Aber ich habe im November 2013 tatsächlich meine Freundin geheiratet. Meine Freundin ist eine sehr reflektierte Person und die Blaupause der selbstständigen modernen Frau. Jahrzehntelang hat sie eine Hochzeit strikt abgelehnt. Ihren Anteil an einer Restaurantrechnung hat sie über all die Jahre auch selbst bezahlt. Gute alte 1980er-Emanzen-Sozialisation halt. Doch mittlerweile arbeiteten wir beide seit Jahren selbstständig. Selbstständige müssen sich um eine private Altersvorsorge kümmern. Daher hatten wir beide seit dem Jahr 2000 eine Lebensversicherung laufen. Und bei den damaligen Verträgen gab es keine andere Option, als den Ehepartner als Empfänger des großen Geldbetrages einzutragen, der im Falle des vorzeitigen Ablebens des Versicherungsnehmers gezahlt worden wäre. »Freundin« oder »Freund« war nicht vorgesehen. Da meine Frau extrem gut mit Finanzen umgehen kann, machte sie mich auf dieses missliche Detail aufmerksam. Wenn einer von uns beiden durch einen Unfall verstorben wäre, wären dem anderen um die 150000 Euro durch die Lappen gegangen. Also meinte meine Frau: »Du, wir müssen heiraten.« Puh, das war aber jetzt mal eine Ansage! Denn all die Jahre konnte ich mich immer ganz weit aus dem Fenster lehnen und bei jeder Party ausposaunen: »Ja, ich würde meine Freundin sofort heiraten. Aber die will nicht.« Doch jetzt plötzlich wollte sie, und ich merkte zum ersten Mal, wie wenig ich selbst heiraten wollte.

Ich musste das Ganze ein paar Wochen sacken lassen. Dann war mir an irgendeinem ganz normalen Wochentag plötzlich klar, dass ich meine Freundin um ihre Hand anhalten muss. Jetzt sofort. So aufgeregt war ich tatsächlich selten in meinem Leben. Also bin ich beim morgendlichen Frühstück vor meiner Freundin auf die Knie gegangen und habe sie gefragt, ob sie meine Frau werden will. Dabei hatte ich Jogginghose und Pantoffeln an. Blumen in meiner Hand – Fehlanzeige. Meine Frau hat »ja« gesagt. Ich habe diese Geschichte schon oft auf einer Party erzählt. Regelmäßig passierte es dann, dass unverheiratete Frauen zu ihrem Freund sagten: »Oooohhhh, das will ich auch, mit Jogginghose und Pantoffeln.«

Da ich tief in mir ein großer Romantiker bin, kam ich auf die Idee, dass wir exakt an dem Datum heiraten, an dem ich anno dunnemals meine Freundin gefragt hatte, ob wir eine Beziehung beginnen sollen. Zufälligerweise wäre der nächste Termin sogar unser 25-jähriges Jubiläum gewesen. Wir wollten also sozusagen an unserem Silber-Beziehungstag heiraten. Dummerweise hatten wir an diesem Tag schon einen Wanderurlaub in der Eifel geplant. Und unser Jubiläumstag fiel in diesem Jahr auf einen Samstag. So mussten wir also einige Stunden investieren und ein Standesamt ergoogeln, das in der Eifel halbwegs auf unserer Wanderroute lag und an einem Samstag Vermählungen durchführte. In

Manderscheid würde es klappen. So saß ich an einem Samstag im November 2013 in Wanderkleidung mit meiner Freundin im Standesamt Manderscheid. Trauzeugen waren zwei ganz alte Bekannte – auch in Wanderkleidung. Dazu lag noch ein Hund von uns im Büro des Standesbeamten. Auf dem Standesamt müssen die Eheleute irgendwelche Zettel unterzeichnen. Und ohne jede Option auf irgendwelche Änderungen steht der Mann auf diesen Zetteln immer oben und die Frau folgt an zweiter Stelle. Irgendwie atmen diese Zettel den Geist der 1950er. Es wird Zeit, dass da mal jemand frischen Wind reinbringt. Als Mann kann man es aber auch witzig finden.

Was jedoch Männer gar nicht witzig finden, ist Männerbashing, wie das heutzutage gerne betrieben wird. Ich rate allen Männerhassern mal, ein kleines Mädchen zu einer Ballett- oder Reitstunde zu fahren. Denn das habe ich öfter mit meiner Nachbarstochter getan. Bekanntlich war ich der Ersatz-Papa, der unter der Woche Zeit für so was hatte. Die Kinder beim Ballett und beim Reiten sind zu 98 Prozent Mädchen. Die Taxi-Eltern sind zu 99 Prozent Frauen. Außer mir war nämlich nie ein Mann da. Es gibt Aufenthaltsräume für die Erwachsenen, während die Kinder bespaßt werden. Ich musste diese Aufenthaltsräume immer nach ein paar Minuten verlassen, sonst hätte ich Straftaten begangen. Körperverletzung, um genau zu sein. Denn die anderen Taxi-Mütter plapperten so eine reaktionäre Scheiße, dass meine eigene Hausfrauen-Mutter bei ihrem täglichen 60-Minuten-über-den-Gartenzaun-Plausch mit Nachbarin Margot wesentlich progressiver war – damals im Jahr 1975. Liebe Männerbasher*innen, versucht einfach mal, den Taxi-

Müttern in den Aufenthaltsräumen von Ballettschule und Reithalle beizubringen, dass sie jetzt arbeiten gehen sollen und nicht mehr im dicken SUV (vom Mann bezahlt) ins Café, zum Friseur, ins Nagelstudio, zum Shoppen und zum Plappern in irgendwelche Aufenthaltsräumen fahren sollen. Mir wurde schlagartig klar, dass die Worte meines Finanzberaters aus dem Jahr 2002 ihre Richtigkeit hatten: »Lassen Sie das mit dem Hauskauf. Sie wohnen so billig zur Miete, das lohnt sich für Sie nicht. Es sind immer die Frauen, die ihre Kinder in ihrem Haus auf ihrem Rasen spielen sehen wollen. Und dann wird der Etat so ausgereizt, dass mit dem letzten Cent des verfügbaren Geldes der letzte Ziegelstein ins Haus gemauert werden kann. Ihre Frau ist ganz anders drauf, also lassen Sie es einfach.«

Ansonsten passierte in den 2010er-Jahren nicht allzu viel. Meine Ersatzkinder wurden immer größer, und ich habe mindestens 25 Mal »Arielle« gucken müssen. Mambo Kurt spielte seine Shows und brachte ab und an eine neue CD heraus. 2017 endete mein Engagement beim SWR. Pierre hatte mittlerweile das ganz große TV-Studio in Baden-Baden bezogen. Ich allein im Bühnenbild sah somit einfach verloren bis scheiße aus. Pierre brauchte eine mehrköpfige Band. In einer Band kann ich aber nicht spielen. Deshalb war für mich Schluss. Doktor Limpinsel schrieb mehrere Bücher über Diabetes. Einige davon wurden echte Bestseller. Andere floppten total und wurden schon in der nächsten Saison vom Verlag eingestellt (»Endlich Schluss mit dem Diabetes-Stress« oder »Paleo 2.0 – Heilen mit der Steinzeitdiät«). Trotzdem bleibt natürlich immer etwas hängen. Als ich für das Buch »Paleo 2.0« recherchiert habe, lebte ich nämlich drei Monate lang strikt nach den Regeln von Paleo. »Paleo« ist das Schlagwort für »Ernährung wie in der Steinzeit«. Man lässt also alle Produkte weg, die es erst seit der Erfindung der Landwirtschaft gibt. Somit fallen Milchprodukte und Getreide weg. Logischerweise meidet man ebenso Haushaltszucker, Süßstoffe und jegliche Chemie im Essen. Ich habe vor und nach meiner dreimonatigen Paleo-Phase beim Hausarzt meine Blutwerte kontrollieren lassen. Es geschah Erstaunliches. Mein Blutzucker ist besser geworden und ich habe Gewicht verloren. Nun gut, das ist keine Überraschung. Denn viele Kohlenhydrate in der Nahrung lassen dich dick werden und heben den Blutzucker. Kohlenhydrate stecken aber klassischerweise in Getreide und Zucker. Viel interessanter war jedoch die Tatsache, dass alle meine Cholesterinwerte besser geworden waren. Das ist wohlgemerkt passiert, obwohl ich mich drei Monate lang ausschließlich von fettigem Fleisch, fettigem Fisch, Eiern und Hektolitern an Olivenöl ernährt habe. Ich habe damals wirklich so viel Öl über meine Speisen gekippt, dass ich am Ende noch drei Esslöffel pures Olivenöl aus dem Teller löffeln konnte. Ein Frühstück bestand während dieser Phase für mich aus vier Rühreiern, einer Handvoll gebratenem Gemüse und jeder Menge Bacon. Dieser kleine Feldversuch führte somit das gesamte Cholesterin-Dogma der Schulmedizin ad absurdum. Zu Beginn meines Studiums herrschte tatsächlich noch die Lehrmeinung, dass Eier dich ins Grab bringen würden. Heute wissen wir ganz im Gegenteil, dass Eier das gesündeste Lebensmittel für den Menschen sind. Denn Eier enthalten alles, was du zum Leben brauchst. Außer Vitamin C. Mit anderen Worten: Wenn du als Schiffbrüchiger auf einer einsamen Insel landest und hättest dort ausschließlich Eier und Äpfel zur Verfügung, dann könntest du dein ganzes Leben lang damit gut über die Runden kommen. Im Gegensatz dazu bist du nach 20 Jahren auf deiner Insel elendig verreckt, wenn es nur Light-Limonade und veganen Kuchen gäbe. Außerdem habe ich damals für das Buch die Story rund um das Cholesterin-Dogma recherchiert. Mitte der 60er-Jahre sind unfassbare Dinge passiert. Die Nahrungsmittelindustrie hat eine kriminelle Energie an den Tag gelegt, die einem Al Capone zur Ehre gereichen würde. Unter anderem hat die Lebensmittelindustrie damals drei hochrangige Wissenschaftler bestochen, dass sie den schwarzen Peter bezüglich Herzinfarkt und Schlaganfall dem Cholesterin zuschieben. Die moderne Wissenschaft weiß mittlerweile, dass es der übermäßige Verzehr von Haushaltszucker ist, der eine Arterienverkalkung und damit Durchblutungsprobleme hervorruft.

Auch Holger Hübner hatte wie ich in dieser Zeit mehrere Geschäftsprojekte. Weil die Sache mit den Kreuzfahrten so gut lief, stellte er tatsächlich mehrere Tourismusmanager ein. Das Wacken-Team startete also neben den Kreuzfahrten noch mit Heavy-Metal-Hotelurlauben (*Full Metal Holiday/ FMH*) und Heavy-Metal-Skifreizeiten (*Full Metal Mountain/ FMM*) durch. Bei all diesen Veranstaltungen ist Mambo Kurt mitgefahren. Mir persönlich gefällt am besten der Heavy-Metal-Urlaub auf Mallorca, denn bisher sind alle *FMHs* auf Mallorca gewesen. Und auf Mallorca bin ich immer gerne zum Rennradfahren. Ich leihe mir beim *FMH* generell ein

Rennrad aus und radle über die Insel – natürlich nicht in den 45 Minuten, in denen ich täglich arbeiten muss.

Der *FMM* hingegen war eine vollkommen skurrile Veranstaltung. Im Skigebiet waren drei Bühnen mit Heavy-Metal-Musik aufgebaut. Die große Bühne im Tal wurde erst am Abend bespielt, wenn es dunkel war. Aber sowohl die Bühne an der Mittelstation als auch die an der Gipfelstation wurden tagsüber bespielt. Wenn du also im Tal ganz normal mit deinen Ski-Klamotten die Eiergondel bestiegen hast, dann gingen an der Mittelstation wie gewohnt die Türen auf. Diesen Vorgang hast du als Skifahrer natürlich schon 10000 Mal erlebt und du achtest da überhaupt nicht drauf. Doch wenn beim *FMM* an der Mittelstation die Türen deiner Gondel aufschwenken, dann lärmt plötzlich total laute Metal-Musik statt *DJ Ötzi* in deine Gondel. Witzig.

Hast du mal ein Foto?

27

Mein Vater hat nach dem Tod seiner Frau ein Jahr getrauert. So gehört sich das. Das findet nicht nur die katholische Kirche gut, das finde ich persönlich auch gut. Aber schon in diesen zwölf Monaten machte mir Papa mehrmals im Nebensatz klar, dass er in der Zukunft gedachte, wieder eine Frau kennenzulernen. Er hatte zwar einige Sorgen, ob er nicht doch zu alt sei bzw. ob er zu wenig finanzielle Reserven auf dem Konto habe, prinzipiell war ihm jedoch vollkommen klar, dass er irgendwann eine neue Frau kennenlernen möchte. Das finde ich voll gut an meinem Vater. Ich hätte es überhaupt nicht verstanden, wenn er zu diesem Thema eine andere Ansicht gehabt hätte. Ich kenne viele Witwen, die nach dem Ableben des Gatten nur noch zum Friedhof rennen und jeden Tag mit dem Verstorbenen reden. Über dieses komische Verhalten lassen sie es nicht zu, dass ein neuer Liebhaber in ihr Leben tritt. Meine Oma war 69 Jahre alt, als der Opa verstarb. Sie hat auch nie wieder einen neuen Mann in ihr Leben gelassen, obwohl es einige Verehrer gab. Die Herren mussten schon seit den 1930er-Jahren in meine Oma verguckt gewesen sein, denn sie lebten seit dieser Zeit zusammen mit meiner Oma in der gleichen

Straße. Meine Oma ist allerdings nie zu Opas Grab marschiert und lebte trotzdem als überzeugte Single-Witwe. Die Begründung meiner Oma war: »Ich habe in meinem Leben genug Butterbrote geschmiert.«

Im Mai 2013 lernte mein Vater seine neue Lebensgefährtin kennen. Das Internet half ihm dabei auf die Sprünge. Allerdings war es fast unmöglich, meinen Vater im Internet auf den entsprechenden Dating-Seiten einzuloggen. Denn zunächst einmal braucht man ein ansprechendes Foto für diese Portale. Also habe ich meine gute Kamera gezückt, meinen Vater vor einen hübschen Hintergrund gestellt und ihm gesagt »Lächle mal in die Kamera!«. Mein Vater verzog daraufhin sein Gesicht zu einer derartigen Grimasse, dass dagegen sogar Arnold Schwarzenegger in »Terminator 1« richtig cozy rüberkommt. So ging das nicht. Ich habe daraufhin Vaters komplette Fotoalben durchforstet, ob es ein Foto von ihm gibt, auf dem er lacht. Gar nicht so einfach. Denn mein Vater hat ja 99,5 Prozent der Fotos selbst geknipst. Am Ende musste ich ein Gruppenfoto vom Geburtstag eines Nachbarn nehmen, den Oberkörper meines Vaters mittels Photoshop rausschneiden und um das Viereinhalbfache vergrößern. Doch das viel größere Hindernis bei den Dating-Apps waren die Kosten. Frauen dürfen nämlich umsonst auf diesen Dating-Apps mitmischen, während Männer bezahlen müssen. Sonst dürfen die Männer keine E-Mails verschicken, um mit den Damen in Kontakt zu treten. Die Kosten betrugen damals 89 Euro. Denn es war ausschließlich ein Jahresabonnement im Angebot. Das war meinem Vater zu teuer, und er hat sämtliche Aktivitäten im Internet eingestellt.

Kurze Zeit später besuchte mein Vater den Baumarkt. Er schaute ganz begeistert auf die Schraubensammlung zu seiner Rechten und schlenderte, seinen Einkaufswagen vor sich herschiebend, durch den Baumarkt. Brigitte – ihres Zeichens Chefarzt-Witwe aus dem Hagener Villenviertel – tat dasselbe im Gegenverkehr. Also rappelte mein Vater mit seinem Einkaufswagen frontal in den Einkaufswagen von Brigitte. Der Tag endete dann so, dass Brigitte nicht lange rumgefackelt hat und mit meinem Vater sofort mal ein Eis essen gegangen ist. Genial, gut aussehende Männer müssen einfach nur dastehen. Den Rest erledigen die Damen schon von allein. Hässliche Männer werden es immer schwer haben. Tinder hat diese Tendenz nur noch verstärkt.

Doch Brigitte war nicht die Richtige für meinen Vater. Mein Vater hatte ein ganz normales Haus, Baujahr 1936, im ehemaligen Arbeiterviertel Hagen-Haspe, und Brigitte wohnte in einer tollen Villa, Baujahr 2002, in Emst. Mein Vater fuhr gerne in seinem alten BMW bis zum Chiemsee, um zu urlauben. Denn dort hatte er im Jahr 1964 eine schöne Frühstückspension gefunden. Für Brigitte fingen Urlaube erst auf der anderen Seite des Mittelmeers an. Sie flog gerne nach Ägypten, Dubai oder Thailand. Obwohl Brigitte wirklich bombe aussah und noch aktiv Tennis spielte, hat mein Vater das zarte Pflänzchen der aufkeimenden Beziehung zwischen den beiden verdorren lassen und den Kontakt abgebrochen.

So ging das nicht weiter. Ich habe meinen Vater dann ohne sein Wissen bei der kostenpflichtigen Dating-App angemeldet. Mein Vater schuldet mir bis heute die 89 Euro, die ich bezahlen musste. Danach habe ich alle Frauen im

Umkreis von 30 Kilometern zum Wohnort meines Vaters angemailt. Ich habe allerdings nur die Damen ohne Hochgewicht ausgewählt, da ich weiß, dass mein Vater auf schlanke Frauen steht. Deswegen bin auch ich zu dem Fachbeauftragten für schlanke Frauen geworden, der ich bin. Ich habe die Damen mit der Anrede gelockt, die ich im Vorfeld zusammen mit meinem Vater visioniert hatte: »Ich bin der Heinz aus Hagen-Haspe, meine liebe Frau ist nach 45 gemeinsamen Ehejahren verstorben. Ich besitze ein Elektrofahrrad und suche eine Dame für eine Fahrradtour«.

Die erste Antwort kam von Gerhard: »Lieber Heinz, ich habe auch ein Elektrofahrrad. Warum fahren wir beide nicht zusammen?« Mist, an diese Möglichkeit hatte ich überhaupt nicht gedacht. Was sollte ich Gerhard antworten, ohne ihn zu beleidigen? »Lieber Gerhard, ich funktioniere besser in der Gesellschaft einer Frau. Ich bin nicht so der Kumpeltyp.«

Ich hatte meiner Frau und meinen besten Kumpels davon erzählt, dass ich meinen Vater ohne sein Wissen in einer Dating-App eingestellt hatte. Sie haben mich für verrückt erklärt und waren sich sicher, dass mein Vater mir mit seinem nackten Hintern ins Gesicht springen würde, falls er jemals davon erfahren würde. Doch ich kenne meinen Vater besser als die. Mein Vater ist der geborene Beamte. Er hat niemals etwas als Erster getan. Mein Vater konnte sich erst eine Weihnachtspyramide basteln, als sein Onkel schon eine gebaut hatte. Mein Vater konnte erst Waschbeton-Steine in seinen Garten legen, als der Nachbar dies bereits getan hatte. Mein Vater hat sein Leben lang das getan, was seine Frau oder seine Mutter ihm gesagt hatten.

Ich sollte mit meiner Einschätzung Recht behalten. Drei Damen aus der Umgebung meldeten sich kurz nach Veröffentlichung der Annonce. Ich sagte meinem Vater: »Vater, ich habe dich im Internet in einer Datingbörse angemeldet. Es gibt drei Frauen, die mit dir Fahrrad fahren würden. Du kannst dir eine aussuchen.« Die Antwort meines Vaters war: »Ok. Hast du mal ein Foto?«

Müll, Nutten, Mafia

28

Im September des Jahres 2019 bin ich mit einem alten Kommilitonen mit dem Rennrad von Bochum bis nach Palermo gefahren. Als Gepäck hatten wir sozusagen nur Unterhosen und unsere Kreditkarten dabei. Das war eines der schönsten Erlebnisse in meinem Leben und dazu noch hochphilosophisch. Denn wenn du den ganzen Tag im Sattel sitzt und radelst, fallen dir andauernd irgendwelche Sachen ein, auf die du nie kommen würdest, wenn du deinem Alltagstrott oder – noch viel schlimmer – deiner Arbeit im Großraumbüro nachgehst. So kamen mir auch Gedanken zu Boris Becker und Kurt Cobain in den Sinn, die fast exakt so alt wie ich sind bzw. waren. Ich gebe zu, dass ich in jungen Jahren etwas neidisch auf diese Kerle war. Doch mittlerweile ist der eine pleite und der andere tot.

In Österreich fand ich irgendwo in einer alten Telefonzelle, die zum Bücherschrank umfunktioniert worden war, die Autobiografie von Marcel Reich-Ranicki »Mein Leben«. Denn auch Österreich kennt diese schöne Einrichtung der kostenlosen Bücherbörsen: »Nimm dir ein Buch mit und stell ein anderes Buch ab.« Nun gut, ich hatte zwar kein Buch zum Abstellen, habe mir aber trotzdem die Autobiografie von

Marcel Reich-Ranicki geschnappt. Marcel Reich-Ranicki hat ja nun wirklich ein einzigartiges Leben geführt. Ich fand sein Buch hochinteressant und auch zu drei Vierteln richtig gut. Nur zwei Details haben mich gestört. Zum einen lässt Reich-Ranicki im letzten Viertel zu sehr raushängen, was für ein geiler Typ er doch war und wie viele schöne Frauen er ins Bett gekriegt hat. Marcel, das ist Angeberei, so etwas schreibt man in seiner Autobiografie nicht. Und zum anderen hat er sich total negativ über ein Buch geäußert, aus dem er in seiner Jugend seiner Mutter vorlesen musste: Richard Katz, »Ein Bummel um die Welt. Zwei Jahre Weltreise auf Kamel und Schiene, Schiff und Auto«. In den 1930ern war dieses Reisebuch ein Bestseller. Und ich hatte »Ein Bummel um die Welt« vor Jahren zufällig auf einem Flohmarkt gekauft und fand es richtig gut. Vor allem, weil es flüssig zu lesen war und der Autor schöne Details schilderte, die damals Alltag waren und heute so rüberkommen, als hätten sie auf einem anderen Stern stattgefunden. Im Gedächtnis geblieben ist mir eine Geschichte von einem Auswanderer in der Südsee Anfang des 20. Jahrhunderts. Dieser Auswanderer hieß Darling, er war Engländer. Herr Darling lebte als Frutarier. Frutarier essen nur diejenigen Früchte, die schon überreif vom Baum fallen. Frutarier sind also Veganer. Herr Darling besaß damals einen echten Guru-Status. Viele moderne, urbane Großstädter wollten ihm nahe sein. Fast wie in einer Sekte. Doch die Städter hat es schnell wieder nach London, Paris oder Berlin zurückgezogen. Herr Darling starb einsam am Strand an einer Infektion mit der Spanischen Grippe. Als die Behörden seine Basthütte am Strand abrissen, fanden sie im Sand vergraben unzählige leere Blechdosen Corned Beef.

Wirklich imposant fand ich jedoch die Geschichte, wie Marcel Reich-Ranicki als Pole im Warschauer Getto überleben und vor allen Dingen damals aus dem Warschauer Getto flüchten konnte. Das Leben von Marcel Reich-Ranicki hing in dieser Zeit mehrere Male am seidenen Faden. Besonders eindrucksvoll waren die drakonischen Strafen, welche die deutschen Nazi-Besatzer im Warschauer Getto verhängt hatten: Wer ein Huhn klaut, wird erschossen. Wer morgens nicht pünktlich zum Zählen auf dem Marktplatz erscheint, wird erschossen. Wer Witze über den Führer macht, wird erschossen. Mit anderen Worten: Ein riesengroßer Bestandteil der Machtausübung der nazi-deutschen Besatzung war das Erschießen von Menschen.

Ich habe nach der Lektüre dieser Passagen in der folgenden Nacht wirklich Albträume gehabt. Ich träumte von einer Gesundheitsdiktatur: »Wer keine fünf Klimmzüge schafft, wird erschossen.« Ich bin schweißgebadet aufgewacht. Natürlich blieben mir diese Gedanken am nächsten Morgen noch im Gedächtnis und ich reflektierte über meinen Albtraum, während ich die alte Römerstraße zum Brennerpass hochstrampelte. Ja – was wäre, wenn unser Gesundheitssystem abgeschafft und stattdessen diese einfache Regel gelten würde: Wer keine fünf Klimmzüge schafft, wird erschossen? Nun, wer fünf Klimmzüge schafft, kann schon mal nicht an Diabetes leiden. Das wäre an sich natürlich eine sehr positive Sache. Doch ganz ohne Gesundheitssystem? Ohne Gesundheitssystem könnten wir jedem Deutschen jeden Monat 500 Euro zusätzlich auszahlen. Allerdings würden alle elf Millionen Beschäftigten im Gesundheitswesen plötzlich arbeitslos. Gott sei Dank hatte ich spätestens in Gossensaß alle diese komischen Gedanken aus meinem Hirn rausgeradelt.

Kaum waren mein Kumpel und ich am Gardasee angekommen, rief die neue Lebensgefährtin meines Vaters an und sagte, dass Papa beim Werkeln in seinem Garten von der Leiter gefallen sei. Die rechte Schulter sei kaputt, Papa im Krankenhaus, keine Lebensgefahr. Also Radtour weiter durchziehen. Der Unfall sei passiert, weil Papa mit der linken Hand ins Nichts gegriffen hatte, sich aber eigentlich irgendwo festhalten wollte. Ja, ja, mein Vater und seine linke Seite. Er sah seit Jahren schlecht auf dem linken Auge, hatte das aber immer verleugnet. Seine Brille setzte er eh viel zu selten auf, weil er zu eitel war bzw. es immer noch ist. Dieser Sturz von der Leiter war der Auslöser, dass mein Vater einsah, dass er mit 81 Jahren einfach alt geworden war.

Kurze Zeit später hat mein Vater einen Gärtner engagiert und sein Auto verkauft. Mir hat er seine Motorrad-Klamotten geschenkt und mich gebeten, seine Z 200 zu verticken. So bin ich nach über 30 Jahren plötzlich wieder ans Motorradfahren gekommen. Als dann 2020 Corona kam, habe ich mir tatsächlich eine eigene Maschine gekauft, denn die Z 200 war zwar bildschön, aber doch etwas lethargisch. Mein neues Motorrad zeigte mir, wie sehr sich die Zeiten geändert hatten und wie sehr ich plötzlich ein alter weißer Mann war. Denn ich kaufte mir eine XF 650 Reise-Enduro mit 48 PS. Natürlich eine gebrauchte Maschine, für 1500 Euro. In den Jahren 1983 bis 1988 war das motorisierte Zweirad mein einziges Fortbewegungsmittel. Kreidler RMC elektronik, Suzuki X3 und BMW R 75/5. Die BMW hatte 50 PS, und damals war man damit der absolute King im Straßenverkehr. Nur reinrassige Sportwagen aus Zuffenhausen konnten mir an der Ampel folgen. Doch heutzutage stehen ganz normale Familien-Vans mit Mutti am Steuer und drei Blagen im Kindersitz neben mir an der Ampel und fahren mir bei grün einfach weg. Denn Mutti tritt auf das Gaspedal, und 178 Diesel-PS plus Doppelkupplungsgetriebe sorgen für vehementen Vorschub. Sitzt Mutti im Tesla Model X, nimmt die Sache für mich geradezu lächerliche Dimensionen an.

Später bemerkte ich, dass bessere Motorräder mit mehr Leistung viel billiger gehandelt werden als meine Reise-Enduro. Ich hätte 100 PS für 999 Euro kaufen können – natürlich ebenfalls gebraucht und in einem gleichwertigen Zustand. Ich recherchierte im Netz und fand heraus, dass es neuerdings (also seit 2013) einen speziellen Motorradführerschein für Anfänger gibt (A2). Damit darf man nur Maschinen mit maximal 48 PS fahren. Das wusste ich nicht. Meine Reise-Enduro ist ein Paradebeispiel solch einer Anfängermaschine. Deswegen war der Preis so hoch. Ja, die Zeiten ändern sich. Das Klima hat sich auch geändert. Es ist wärmer. Ich werde heutzutage im Bochumer Wald am helllichten Tag von Tigermücken gestochen. Die gab es 2003 einfach nicht, als ich das erste Mal mit dem MTB über die Trampelpfade gerollt bin, auf denen ich zuvor mit meiner Machete die Brombeerbüsche gestutzt hatte.

Ich kann jedem von euch nur raten, einmal im Leben eine Fernreise mittels eigener Muskelkraft durchzuführen. Statt das Fahrrad zu bemühen, kannst du natürlich auch zu Fuß gehen. Aber ich fahre halt lieber auf dem Fahrrad. Unsere Route war ziemlich gut. Ich glaube, dass Italien das perfekte europäische Land für eine Fernreise mit dem Fahrrad ist. Zum einen kann man als Tourist natürlich viele Sehenswürdigkeiten anschauen. Zum anderen ist das Essen gut und die Landschaft schön. Am besten finde ich jedoch, dass man in Italien nie weiß, was der Tag an Überraschungen bringen wird. Immer wenn du denkst, du hättest jetzt alles gesehen, dann zückt Italien einen neuen Joker. Wir standen mal während eines Wolkenbruchs in Neapel im Eingangsbereich eines Mietshauses. Da hörten wir, wie im zweiten Stock die Tür aufging und jemand die Treppe runterkam. In Deutschland wäre der Fall sonnenklar gewesen: »Macht, dass ihr hier wegkommt, ihr dürft hier nicht unter dem Vordach stehen.« In Neapel aber kam eine ältere Dame zu uns herunter und hat uns auf einen Kaffee eingeladen.

Ein anderes Mal saßen wir abends auf unserem Balkon im Appartement. Direkt vor uns auf der Straße parkten Autos. Ein Schwarzafrikaner schlenderte heran und stoppte direkt vor unseren Augen auf dem Bürgersteig. Dann grüßte er uns höflich und winkte herauf. In der nächsten Sekunde schlug er mit einem kleinen Hammer die Seitenscheibe eines Autos ein, klaute ein paar Einkaufstüten und machte sich aus dem Staub.

Sowieso ticken südlich von Rom die Uhren anders. Im Süden von Rom gibt es echte Slums, und der Müll türmt sich in unfassbaren Mengen rechts und links der Landstraße auf. Dazu stehen alle 150 Meter Prostituierte an der Landstraße. An einem Kreisverkehr gab es sozusagen ein ganzes Nest an Prostituierten. Mindestens 20 Damen warteten auf Kundschaft. So etwas hatte ich noch nie gesehen. Dort saß eine 62-jährige ungepflegte Dame ohne Zähne im Mund auf einem Plastikstuhl. Sie war sicher das Low-Budget-Angebot, doch wer weiß. Aber ebenso stolzierte eine Mitzwanzigerin in perfektem Chefsekretärinnen-Outfit auf teuren Highheels mit roter Sohle umher. Dank ihres hübschen Gesichts, ihres perfekten Make-ups, ihrer gerade erst vom Friseur gerichteten Frisur und ihres makellosen Körpers wäre sie bei *GNTM* mindestens unter die letzten Drei gekommen.

Für einen halben Tag lang waren mein Kumpel und ich uns nicht sicher, ob wir die nächsten 900 Kilometer durchhalten würden, falls die Zustände so blieben. Müll, Nutten, viel Verkehr. Es stellte sich dann heraus, dass dieser fragwürdige Slumgürtel im Süden von Rom nach circa 30 Kilometern sein Ende fand. Was aber blieb, waren die unfassbaren Mengen an Plastikmüll neben der Landstraße. Du kannst von Rom bis Palermo neben der Landstraße zu Fuß gehen und deine Füße müssen nicht einmal (!) den Erdboden oder das Gras berühren, denn immer findest du eine Plastiktüte, auf die du deine Zehen setzen könntest. Glücklicherweise gibt es große Abschnitte, auf denen der italienische Staat mittlerweile eine Autobahn gebaut hat. Also wird die alte Landstraße fast gar nicht mehr frequentiert. In den kalabrischen Bergen kam es dank des Autobahntunnels dazu, dass wir an einem Tag auf unserer Landstraße mehr lebende Schlangen (die Tiere!) gesehen haben als fahrende Autos. Überhaupt ist Kalabrien wunderschön und überhaupt nicht touristisch erschlossen. Der Grund ist wahrscheinlich, dass die Touristen Angst vor der Mafia haben. Doch seit unseren Tagen in Kalabrien habe ich eine ganz eigene Theorie zur italienischen Mafia. In Kalabrien habe ich die nettesten und fürsorglichsten Menschen in meinem ganzen Leben getroffen. Die Menschen dort sind wirklich lieb, ja ich muss sogar sagen: naiv-lieb. Nur deswegen konnte sich dort um das Jahr 1840 die Mafia ausbreiten. Irgendwann in dieser Zeit muss der erste Mafioso auf die Idee gekommen sein, von einem kalabrischen Geschäftsmann das erste Schutzgeld zu erpressen. Und nur, weil die Menschen in Kalabrien so lieb sind und keinen Ärger wollen, haben sie dieses Schutzgeld bezahlt. Wäre derselbe Mafioso in Westfalen auf die Idee gekommen, dann hätten die Münsterländer Bauern ihn einfach mit einem Spaten erschlagen und im Wald verscharrt.

Zwar herrscht südlich von Rom auf den ersten Blick das vollkommene Chaos auf den italienischen Straßen, aber das scheint nur so. In Wirklichkeit ist es nämlich ein zärtliches Wir-passen-aufeinander-auf. Kein süditalienischer Autofahrer besteht auf seiner Vorfahrt, und kein süditalienischer Polizist hat etwas dagegen, wenn du als Radfahrer auf der Autobahn fährst. Palermo selbst ist auch eine Reise wert. Viele Szenen haben mich an meine Kindheit in den 1970er-Jahren erinnert. Denn es gibt sehr viele Kinder auf den Straßen, und sie können tun und lassen, was sie wollen – die Erwachsenen interessiert es überhaupt nicht (im positiven Sinn). Der Begriff »Helikopter-Eltern« ist in Palermo vollkommen unbekannt. Palermo geht sogar noch einen Schritt weiter als Hagen-Haspe in den 1970ern. Ich habe in Palermo vier Unfälle zwischen jeweils einem PKW und Kindern auf einem Fahrrad, Kindern auf einer Vespa (ja, natürlich ist das auch in Palermo eigentlich verboten) und Kindern in rollenden Einkaufswagen gesehen. Immer waren die Kinder vollumfänglich schuld am nicht unerheblichen Blechschaden.

Und jedes Mal ist der betreffende Autofahrer aus seinem Auto ausgestiegen, hat vielleicht ein bisschen rumgeschrien und immer deutlich wahrnehmbar seinen Kopf geschüttelt. Aber alle vier Autofahrer sind nach ein paar Sekunden in ihr Auto eingestiegen und einfach weitergefahren.

Ich war durch die Reise nach Palermo wirklich gut trainiert. Gewicht verloren haben mein Kumpel und ich in den vier Wochen jedoch gar nicht, obwohl wir beide jeden Tag fünf bis sechs Stunden im Sattel gesessen hatten. Aber wir genossen auch zweimal am Tag warme italienische Küche. Also ein weiterer Beweis, dass du an deiner Nahrung feilen musst, wenn du abspecken willst. Die ganze Palermo-Aktion war übrigens geradezu preisgünstig. Denn südlich des Gardasees zahlt man in Italien deutlich weniger. Ich kann dir also nur raten: Einfach mal machen.

Zehn Tage nach dem Rückflug aus Palermo begann für mich die Arbeit auf Mallorca beim *FMH* 2019. Mittlerweile wusste ich auch, wer diese unfassbar schöne, große und schlanke Frau war, die seit letzter Saison auf allen Veranstaltungen des Wacken-Teams auftauchte. Nämlich Yoga-Saskia. Yoga-Saskia ist zwar blond, aber ansonsten genau meine Baustelle. Seit ich acht Jahre alt bin, weiß ich, dass ich nicht auf Blondinen stehe, denn Anni-Frid war für mich immer hotter als Agnetha. Saskia ist deutlich jünger als ich. Wie alt sie genau ist, wollte sie mir nie sagen. Saskia stellte sich beim *FMH* jeden Abend viel zu nah an mich heran, wenn wir uns irgendwelche Konzerte angeschaut haben. Außerdem haben wir uns fast jeden Abend beim Essen getroffen. Natürlich habe ich das sehr genossen. Am Ende machte *DJ Otti* schon dumme Witze über »Saskambo«.

Rational war mir selbstverständlich klar, dass Saskia sich aus einem ganz anderen Grund in meine Nähe stellte, als ich dies bei ihr tat. Ich stand neben Saskia, weil ich einfach gerne in der Nähe von schönen Frauen stehe und weil meine letzten zwei Gehirnzellen mit Kinderwunsch sagten: »Stell dich mal neben Saskia.« Alle anderen Gehirnzellen in meinem Kopf schrien jedoch laut vernehmbar: »Du Idiot, lass es, du Trottel, du machst dich lächerlich.« Saskia hingegen hat sich bei den Konzerten immer so gerne an mich gekuschelt, weil sie dann nicht von Heerscharen anderer Männer angesprochen bzw. angebaggert wurde. Das ist halt das Schicksal der attraktiven Frauen. Sie müssen den ganzen Tag lang liebestolle Männer abwehren, die wie Testosteron-Zombies angetapst kommen.

Saskia erzählte mir im Nebensatz, dass sie gerne Fahrrad fahren würde. Also fragte ich sie, ob sie mit mir am nächsten Tag eine Rennradtour zum Leuchtturm fahren würde, wenn ich ein Rennrad für sie besorgen würde. Saskia sagte zu. Am nächsten Tag sind wir zur insgesamt 45 Kilometer langen Fahrradtour aufgebrochen. Ich war mir sicher, dass Saskia mich bewundern würde wegen meiner Leistungsfähigkeit. Meine stahlharten Schenkel würden meine nicht vorhandene Haarpracht und mein generelles Alter überstrahlen, wir würden uns beim Leuchtturm in den Sand setzen und sie würde verliebt, aber vor allem vollkommen erschöpft, ihren hübschen Kopf an meiner Schulter ausruhen. Soweit mein Masterplan. Es kam anders. Ich konnte nur bis Dreiviertel der Hinfahrt überhaupt in Saskias Windschatten bleiben, dann musste ich sie ziehen lassen. Tatsächlich haben wir uns am Leuchtturm an den Strand und in den Sand gesetzt. Dort erzählte mir Saskia, dass sie bis zum Beginn ihrer Yogatätigkeit einen anderen Beruf ausgeübt hatte. Sie war mehrere Jahre Fahrradkurier in New York und ist bei jedem Wetter 10- bis 12-Stunden-Schichten gefahren. Auch im Winter. Mir wurde schlagartig klar, dass ich in Saskia meine Brigitte gefunden hatte.

Neue Geschäftsideen

29

Im November 2019 fand in Bochum wie jedes Jahr der *Senkrechtstarter* statt. Der *Senkrechtstarter* ist ein branchenoffener Wirtschaftswettbewerb für Gründerinnen und Gründer in Bochum und Nordrhein-Westfalen. Schon seit Jahren geisterten mir zwei Ideen in meinem Kopf umher, und deswegen habe ich im November 2019 beschlossen, mich offiziell beim Bochumer *Senkrechtstarter* zu bewerben. Ich bin wohl tatsächlich ein relativ kreativer Mensch, denn mir fallen am Tag ungefähr 10000 Ideen ein. Ich habe über die Jahre gelernt, dass ich aufpassen muss, mich aktiv einzubremsen. Sehr häufig habe ich nämlich Stunden und Tage in meinem Bastelkeller irgendwelche tollen Dinge zusammengeschraubt, nur um dann drei Tage später festzustellen, dass ich das Ganze in China für drei Euro inklusive Porto hätte fertig kaufen können. Aber ich wusste, dass einige meiner Ideen es tatsächlich zur Marktreife geschafft hatten. Denn andere Tüftler waren auf dieselbe Idee wie ich gekommen und hatten Nägel mit Köpfen gemacht. Zum Beispiel war ich schon in den frühen Achtzigerjahren auf den sich selbst aufblasenden Lawinenrucksack gekommen. Ebenso hatte ich die Idee, dass ein Auto mittels Sensoren feststellt, wann es unwiderruflich in einen Unfall verwickelt wird. Dann hätte das Auto seine Stoßstange nach vorne schieben sollen. Mercedes-Benz hat so ein ähnliches System irgendwann auf den Markt gebracht (Pre-Safe). Als ich einmal auf einem Festival mit meinem Kleinbus im Modder stecken geblieben bin, kam ich auf die Idee, dass ich zwei Seiltrommeln rechts und links auf meine Vorderräder stecken müsste, sodass die durchdrehenden Vorderräder wie eine Art Seilwinde wirken. Australische Tüftler hatten wohl dieselbe Idee, denn vor Kurzem kam so was auf den Markt. Und last but not least hatte ich die Idee, dass Elektroautos grundsätzlich mit Wechselakkus ausgestattet werden sollten. Das ist jedem Menschen klar, der in seiner Jugend mit ferngesteuerten Modellautos gespielt hat. Ich musste dann aber eine Pressemeldung aus Israel zur Kenntnis nehmen, denn die Israelis haben genauso ein System zur Marktreife gebracht. Die Chinesen haben es mittlerweile kopiert. Noch in der letzten Woche (also ich rede von Februar 2024, als ich diese Zeilen in meinen Rechner getippt habe) bin ich im Netz über ein Video aus den frühen 70er-Jahren gestolpert. Volkswagen hatte damals nämlich auch ein paar T2-Pritschenwagen mit einer wechselbaren Batterie auf Elektroantrieb umgebaut.

Ok, das ist alles Schnee von gestern. Meine zwei aktuellen Ideen waren zum einen eine App für das Handy. Damit sollte man über die ganzen renaturierten Halden, Wiesenlandschaften und Radwege des Ruhrgebiets gehen. Man würde sein Handy in die Gegend halten und im Display würde das Ruhrgebiet visualisiert, wie es in den 1960er-Jahren aussah. Alles voller Fabrikgebäude, Schornsteine, Hochöfen und Eisenbahnlinien. In Echtzeit animiert. Meine andere Idee war ein pedalbetriebenes Wohnmobil aus Carbon. Ich hatte schon vor Jahren angefangen, mich mit der Materie zu beschäftigen. Während nämlich ein Fahrradanhänger eine maximale Größe und ein Maximalgewicht hat laut Straßenverkehrsordnung, würde so ein riesengroßes Wohnmobil aus Carbon als mehrspuriges Fahrrad gelten, das theoretisch so groß wie ein Öltanker sein durfte. Außerdem hatte ich vor Jahren schon einmal mit Pappkartons und Sperrholzplatten den minimal möglichen Lebensraum für zwei Menschen in einem Wohnmobil ausgecheckt. Ich habe mich also mit diesen beiden Ideen beim Bochumer *Senkrechtstarter* vorgestellt. Damit ich problemlos beide Ideen anmelden konnte, habe ich mich einmal über meine Doktor-Limpinsel-E-Mail und einmal über meine Mambo-Kurt-E-Mail gemeldet.

Es war nett beim *Senkrechtstarter*. Das Ganze ist eine vollkommen kostenlose Veranstaltung. Die Gründerinnen und Gründer treffen sich mehrere Male mit Profis aus der Branche und reden über die Geschäftsideen. Sehr schnell haben mir alle Profis beim *Senkrechtstarter* erzählt, dass meine Idee mit der App total scheiße, aber dass die Idee mit dem Carbon-Wohnmobil irgendwie witzig sei. Ich glaube, mittlerweile hat irgendeine Firma eine ähnliche App in Hamburg oder einer anderen Großstadt verwirklicht. Sei's drum. Ich fokussierte mich auf meine Bewerbung mit dem Carbon-Wohnmobil. Nachdem ich die erste Hürde der Konzepterstellung beim Senkrechtstarter genommen hatte, trat ich in Phase zwei ein: die Erstellung eines Businessplans. Dazu bekam ich einen erfahrenen Experten an die Seite gestellt. Wir beide haben zusammen einen schönen Businessplan zu Papier gebracht. Genauso gut hätten wir auch das Skript für eine neue Science-Fiction-Serie entwickeln können, die in Konkurrenz zu »Star Wars«, »Star Trek« oder »Dune« hätte treten sollen. Unser Businessplan war reinste Hellseherei, aber hochprofessionell formuliert. Er sah vor, dass ich mit einer studentischen Hilfskraft in meiner Garage alle zwei Wochen ein Carbon-Wohnmobil herstellen würde. Dann wären wir nach einem Jahr umgezogen in eine große Halle in einem Gewerbegebiet. Ich hätte zehn Leute eingestellt. Und nach spätestens drei Jahren hätten wir 1,5 Millionen Euro Gewinn pro Jahr gemacht. Nun gut, ich habe fürs Leben gelernt. Ich weiß jetzt, dass Businesspläne überhaupt rein gar nichts bedeuten. Ich hoffe sehr, dass mein Experte irgendwie von der Stadt Bochum oder dem Land Nordrhein-Westfalen bezahlt wurde – ansonsten wäre dieser Businessplan für meine Wohnmobil-Firma vollkommen vergebliche Liebesmüh gewesen.

Samstag, 7. März 2020: Meine gute Bekannte Frauke feiert ihre Geburtstagsparty. Ich konnte nicht ahnen, dass diese Geburtstagsparty die letzte richtige Party für zwei Jahre werden würde. Denn zwei Wochen später rief unsere Bundesregierung den Corona-Lockdown aus. Natürlich hatten wir alle schon eine Ahnung, dass dieses Virus aus China um die Welt fliegen würde. Die Frage war nur, wie sehr diese Krankheit zuschlagen würde. In der Vergangenheit hatten offizielle Stellen ja schon oft Alarm geschlagen, und am Ende waren die Pandemien dann sang- und klanglos im Sande verlaufen. Doch spätestens als deutsche Autowerke aufhörten, Autos zu produzieren, und die Bundesliga ihren

Betrieb einstellte, da sollte jedem im Land klar gewesen sein: »Das ist jetzt ernst. Auch wenn wir Politiker alle keine richtige Ahnung haben, was kommen wird, gehen wir lieber mal auf Nummer sicher und machen Lockdown.« Für uns Musiker (die heutzutage ja eigentlich ausschließlich vom Live-Geschäft leben – das gilt sowohl für kleine Acts wie mich als auch für Riesenacts wie *Madonna* und die *Rolling Stones*) bedeutete das natürlich von einem Tag auf den anderen totales Nichtstun.

Also beschloss ich, meine Garage aufzuräumen und dort den ersten Prototyp meines pedalbetriebenen Carbon-Wohnmobils zu konstruieren. Sehr schnell wurde mir jedoch klar, dass das Wohnmobil aus Carbon zwar wenig Gewicht auf die Waage gebracht hätte, aber vor allen Dingen unfassbar teuer geworden wäre. Niemand würde ein pedalbetriebenes Wohnmobil für 75000 Euro kaufen. Daher lief es doch auf Matten aus glasfaserverstärktem Kunststoff (GFK) hinaus. Diese Fiberglas-Matten sind generell weiß, was sehr schön ist für ein Wohnmobil. Aber GFK ist leider wesentlich schwerer als Carbon. Obwohl GFK glücklicherweise viel billiger als Carbon ist, habe ich trotzdem einen ordentlichen vierstelligen Euro-Betrag allein für das Material der Wohnkabine ausgegeben. Ich hatte natürlich bis zu diesem Moment schon viel mit Carbon und GFK in meinem Keller experimentiert. Meine zwei persönlichen Meisterstücke sind eine Heimorgel aus Carbon und ein Fatbike. Am Fatbike habe ich den Rahmen und die Kurbeln selbst aus Carbon hergestellt. Denn bei einem handelsüblichen Fatbike liegen die Kurbeln sehr weit auseinander. Das liegt an den dicken Reifen plus dem Hinterbau plus den Sicherheitsabständen.

Doch ein ambitionierter Fahrradfahrer mag es überhaupt nicht, wenn seine Füße beim Kurbeln zu weit auseinanderliegen. Es gibt sogar einen Fachbegriff für das Maß, wie weit die Kurbeln auseinanderliegen, das ist der »Q-Faktor«. Sportliche Fahrradfahrer lieben einen geringen Q-Faktor. Ich benutze mein Fatbike nur, um damit im Winter durch den frischen Tiefschnee zu fahren. Wenn man mehrere Wochen an seinem Fatbike baut und dazu an die 2000 Euro für Material ausgibt, um es nur drei bis fünf Tage im Jahr zu benutzen, dann weiß man, dass man ganz schön einen an der Klatsche hat.

Meine Carbon-Heimorgel sieht aus wie eine Heimorgel aus Holz. Aber alles, was Holz zu sein scheint, ist furniertes und braun angemaltes Carbon. Zudem habe ich zwei Verpackungskoffer (Flightcases) aus Carbon gebaut. Ich kann also mit meiner Carbonorgel zu Shows fliegen, da das Gesamtgewicht inklusive Cases nur 27 Kilo beträgt und die Orgel natürlich zerlegbar ist. Flugzeuge nehmen maximal 32 Kilo als Gepäck mit, sodass der Transport der Orgel kein Problem bereitet, denn nirgendwo geben die Fluglinien an, wie groß Koffer sein dürfen. Wenigstens nicht für das Sperrgepäck. Es ist immer ein großer Spaß, wenn ich mit meiner Carbonorgel am Flugschalter auftauche. Die Bediensteten am Check-in springen regelmäßig von ihren Sitzhockern auf und sagen mir, dass es unmöglich sei, diese Riesenkoffer mitzunehmen. Ich mache mir jedes Mal den Spaß, nehme meine zwei kleinen Finger und lupfe die Carbonorgel an den Riemen auf die Gepäckwaage. Dann sehen die Bediensteten doch sehr schnell ein, dass die Carbonorgel tatsächlich mitfliegen wird. Allerdings wissen sie nie so richtig, wie sie mein Sondergepäck klassifizieren sollen. Die Kosten pendeln zwischen null und 350 Euro. Auf einem Flug zu einem Heavy-Metal-Festival in Trondheim kam meine Carbonorgel zum ersten Mal zum Einsatz.

Nachdem ich also drei Tage lang meine Garage aufgeräumt hatte, baute ich mir aus zahlreichen Styroporplatten eine innere Form für die Wohnkabine meines pedalbetriebenen Wohnmobils. Das hat Wochen gedauert. Vor allem am Ende der Bastelei wurde ich fast wahnsinnig. Ich musste das Styropor ja glatt wie einen Kinderpopo schleifen, denn nur auf einer extrem glatten Oberfläche kann man GFK-Matten gut verlegen. Das grundsätzliche Prinzip meiner Konstruktion sah folgendermaßen aus: Um den Styroporkern wollte ich die in 2-Komponenten-Kleber getränkten GFK-Matten verlegen, und außenrum hätte ich Frischhaltefolie gewickelt. Damit wollte ich erreichen, dass die GFK-Matten ohne große Luftblasen ineinander festklebten. Zudem wollte ich zwischen der inneren und äußeren Lage GFK noch mit Füllstoff arbeiten. Dieser Füllstoff besteht aus ganz winzig kleinen Kügelchen. Zusammen mit dem 2-Komponenten-Kleber ergeben diese Kügelchen eine Masse, die entfernt an Rasierschaum erinnert. Dieser Schaum hat eine wunderbare Festigkeit, wenn er über Nacht ausgehärtet ist. Mit all diesen Arbeitsschritten hatte ich schon große Erfahrungen gesammelt. Ich hatte jedoch das größte und, wie sich herausstellen sollte, unüberwindbare Problem nicht adäquat im Blick gehabt: Was bei einem Bauteil von der Größe eines Schuhkartons perfekt funktionieren mag, das klappt bei der Konstruktion einer 1,40 × 1,60 × 3,60 Meter großen Wohnkabine überhaupt nicht. Als ich nämlich die ersten in 2-Komponenten-Kleber getränkten GFK-Matten auflegte, rutschten sie mir zu allen Seiten runter, noch bevor ich überhaupt daran denken konnte, meine Frischhaltefolie herumzuwickeln.

Ich musste meine Strategie ändern. Also habe ich im Wohnzimmer den guten Teppich zur Seite gerollt und den Raum mit dicker Folie ausgelegt. Auf dieser Folie wollte ich erst mal eine rechteckige Bodenplatte von 2 cm Dicke aus GFK-Matten und besagtem Schaum herstellen. Auch das hat nicht richtig funktioniert, weil ich trotz der Benutzung eines Mörtelrührers aus dem Baumarkt die Füllmasse nicht richtig homogen hinbekommen hatte. Somit flossen circa 300 Milliliter dünnflüssiger 2-Komponenten-Kleber über die Grenzen meiner Abdeckfolie hinaus auf mein Wohnzimmerparkett. Zudem war diese Pampe weiß gefärbt. Das habe ich aber nicht sofort gemerkt, weil dieser Vorgang erst in der Nacht beim Aushärten passierte. Ich musste einsehen, dass die Konstruktion eines pedalbetriebenen Wohnmobils mit meinen Hobby-Mitteln und als Einzelkämpfer nicht zu bewerkstelligen war. Doch die größte Hürde wartete noch auf mich: der Rückbau des Innenkerns aus Styropor. Was für eine Sauerei und Maloche! Ich hatte nämlich drei Kubikmeter Styropordämmplatten mit 4 cm Stärke verbaut. Ich habe also eine einzelne Platte ins Auto gelegt und bin zur Mülldeponie Bochum gefahren. Dort angekommen, zeigte ich meine Styroporplatte dem Mitarbeiter, der zu mir sagte: »Das nehmen wir überhaupt nicht an.« Ich erwiderte daraufhin: »Ja Moment, da vorne hängen doch diese riesigen Tüten, in die wir Bürger unser Styropor reinwerfen dürfen. Ich hab jetzt halt ein bisschen mehr Styropor zu Hause, nämlich drei Kubikmeter. Dann komme ich halt jede Woche mit einer kleinen Fuhre, bis mein Styropor nach zwei Monaten trotzdem weg ist.« – »Ja, das Problem ist aber ein ganz anderes! Diese großen Tüten sind für normales Styropor von Verpackungen. Da könnten Sie tatsächlich Ihre drei Kubikmeter in kleinen Häppchen loswerden. Aber Sie haben da Bau-Styropor. In diesen Dämmplatten steckt ein Brandschutz drin. Der nennt sich ›HBCD‹. Das steht für ›Hexabromcyclododecan‹. Das ist giftig. Das darf nicht verbrannt werden. Wir nehmen das nicht an.« – »Ja, und was mache ich jetzt damit?« – »Keine Ahnung.«

Also musste ich googeln. Ganz so giftig waren meine Platten wohl doch nicht. Denn HBCD steckte vor allem vor 2013 in den Baustyroporplatten. Am Ende musste ich zu einer speziellen Sammelstelle in einer anderen Stadt fahren und dort 180 Euro für die Entsorgung meiner drei Kubikmeter Styropor bezahlen.

Künstler in Corona-Zeiten

30

Ich hatte das persönliche Glück, Anfang 2020 ein kleines finanzielles Polster auf dem Girokonto gehabt zu haben, denn meine Gattin und ich wollten in 2020 ordentlich Urlaub machen. Nun, 2020 bot dann genug Müßiggang, allerdings nur zu Hause im Garten. Ich habe sogar im eigenen Garten gecampt, um das Gefühl von »Woanders-Sein« zu haben.

Ich gebe ganz unumwunden zu, dass ich die ersten zwei Monate der Corona-Zwangspause sehr genossen habe. Es war herrlich, einfach mal überhaupt nirgendwo hinfahren und Konzerte geben zu müssen. Da merkt man erst mal, dass positiver Stress auch Stress ist. Ich bin ja nun schon ein relativ entspannter und introvertierter Künstler. Ich spiele meine Shows und gebe auf der Bühne alles, doch ansonsten führe ich ein ganz normales Leben. Große Alkoholexzesse gibt es bei mir nicht. Drogen habe ich nie genommen. Aber ich kenne ein paar Künstler, die wirklich Sex, Drugs und Rock 'n' Roll zelebrieren. Wenn diese Menschen eine Show am Samstag performen, dann sind sie bis Mittwochmittag verschwunden und werfen sich in dieser Zeit so ziemlich alles ein, was man im Rotlichtmilieu kaufen kann. Sogar diese schnellen Jungs und Mädchen waren dankbar für die staatlich verordnete Zwangspause durch Corona. Alle Musiker haben zwei Monate lang die Ruhe genossen. Dann aber trennte sich die Spreu vom Weizen. Einige Künstler fingen an, mit sich und der Welt zu hadern. Es kam zu Angst, Wut, psychischer Verstimmung oder Depressionen. Ich selbst bin Nullkommanull in irgendeine Depression gefallen. Mir wird nie langweilig.

Meinem Vater hingegen wurde es langweilig ohne Gartenarbeit und vor allem ohne sein Auto. Papa sagte: »ich würde so gerne einmal in einem Elektroauto fahren, aber ich sehe ja auf dem linken Auge so schlecht.« Ich erwiderte, dass ich in Bochum die Möglichkeit hätte, einen Tesla mit 550 PS auszuleihen. Mein Vater buchte begeistert eine Mitfahrt im Tesla. Also, wer behauptet, dass Elektroautos scheiße sind, der ist noch nie eines mit 550 PS gefahren. Das Beschleunigungsvermögen ist nicht von dieser Welt. Mein armer Vater hat sich bei der Probefahrt fast die Fingerknöchel durch die Haut gedrückt, weil er seine Hände dermaßen zusammengekniffen hat beim Ampelstart. Bombe, wirklich bombe! Ich bin kurz davor, Geld für die neuen Elektro-Boliden aus den USA auszugeben. Sie sehen aus wie normale Limousinen und könnten sogar meine Orgel transportieren, haben aber 1020 PS (Tesla Model S Plaid) oder sogar 1251 PS (Lucid Air Sapphire). Aber rette ich damit die Welt? Ich weiß nicht.

Am Tag der Probefahrt herrschte Dunkelflaute, und der Strom aus der deutschen Steckdose hatte eine spezifische CO_2-Emission von über 700 Gramm pro Kilowattstunde (laut der von mir hochgeschätzten App »ELECTRICITY MAPS«). Ein alter Stinke-Diesel wäre an diesem Tag besser für die CO_2-Bilanz gewesen. Ich musste im Nachgang unserer Tesla-Probefahrt noch mehr googeln: Deutschland produziert 2,5 Prozent der weltweiten CO_2-Emissionen. Ui! CO_2 verbleibt für mindestens 500 Jahre in der Atmosphäre. Der CO_2-Wert bleibt also bis zum Jahr 2524 mindestens so hoch wie heute, nämlich 420 ppm. Ui! 420 ppm bedeutet 420 Teile CO_2 auf 999580 Teile Luft. In einem Diagramm ergäbe das einen 4,2 Millimeter langen CO_2-Balken, wenn der ganze Luft-Balken 10 Meter lang wäre. Ui! Das weltweite Internet produziert genauso viel CO_2 wie der weltweite Flugverkehr. Ui! Ein großer Hund in Deutschland macht so viel CO_2 wie ein menschlicher Einwohner von Ägypten. Ui! Eine deutsche Hauskatze pustet mehr CO_2 in die Luft als ein Kongolese. Ui! Warum also ziehen die Regierungen dieser Welt nicht rigoros den CO_2-Stecker? Bei Corona haben sie doch auch die Muskeln spielen lassen!

Ich genieße es, dass ich antizyklisch arbeite. Wenn alle Erwachsenen wochentags am Malochen und alle Kinder in der Schule sind, dann gehe ich shoppen oder in Winterberg Skifahren und bin ganz allein. Durch den Lockdown führten jedoch plötzlich alle Menschen mein antizyklisches Leben, oder besser gesagt: Es gab keine Zyklen mehr. Ich will damit sagen: Plötzlich waren Orte überlaufen, an denen ich sonst ganz allein bin. Ich kenne rund um meine Heimatstadt Bochum wirklich jeden Trampelpfad, weil ich in den vergangenen 20 Jahren jeden Trampelpfad mit meinem Mountainbike abgefahren bin. Normalerweise treffe ich auf diesen entlegenen Trails in fünf Jahren insgesamt einen Menschen. Doch in Zeiten des Hyperlockdowns zu Beginn der Pandemie waren alle meine geheimen Trampelpfade sehr überfüllt.

Ich musste schon die extrem einsamen Strecken suchen, um am Tag höchstens fünf anderen Leuten zu begegnen. Ein Pärchen war auf einer ganz abgelegenen Halde sogar am Poppen, mitten auf meinem MTB-Trail.

Ich habe im April Geburtstag, was im Jahr 2020 bedeutete, dass alle Zusammenkünfte von Menschen verboten waren. Ich breche ungern Gesetze, aber trotzdem wollte ich ein klein bisschen meinen Geburtstag feiern. Also habe ich meine Freunde eingeladen, mit mir eine kleine Radtour zu unternehmen. Die Tour endete oben auf einer stillgelegten und noch nicht vom *Regionalverband Ruhr* renaturierten Schutthalde des Bergbaus. Dort oben haben wir dann mit 1,50 Meter Abstand an der frischen Luft gesessen und Dosenbier getrunken. Die Polizei hätte uns schon mittels einer Drohne erwischen müssen, denn ansonsten waren wir für niemanden zu sehen. Für eine Sekunde musste ich oben auf der Halde an Marcel Reich-Ranicki denken. Er hätte im Januar 1943 nicht aus Warschau fliehen können, wenn es damals Drohnen gegeben hätte.

Viele Ärzte haben sich in der Anfangsphase von Corona vollkommen verschätzt in Bezug auf die Auswirkungen, die diese Pandemie auf unser Leben haben würde. Ich kenne namhafte Chefärzte der Inneren Medizin, die noch im April 2020 prognostiziert haben: »Ach, das ist wie eine Grippewelle und im Juli ist das wieder vorbei. Ich habe schon Flüge gebucht für meine Familie.« Da kann man mal sehen: Auch die medizinisch Gebildeten haben sich komplett vertan.

Im Sommer 2020 zeigte sich dann der große Vorteil davon, wenn man als Einzelkämpfer im Musikgeschäft sein Geld verdient. Mir war natürlich schon immer klar, welche

Vorteile mein persönliches Musiker-Dasein hat. Nämlich, dass ich schon Geld verdiene, sobald ich mehr Gage bekomme als ich Spritgeld vertanken muss. Bei Bands ist das anders. Denn wenn du mit einer Fünf-Mann-Band auf der Bühne stehst, einen Nightliner und vier Helfer hast, musst du mindestens 2500 Leute im Publikum stehen haben, um am Ende auch nur annähernd so viel Geld zu verdienen, wie ich das tue bei 300 Leuten im Zuschauerraum.

Und in den Zeiten von Corona konnte ich einen weiteren Joker ausspielen. Im Sommer 2020 waren nämlich durchaus Live-Konzerte erlaubt. Allerdings unter strengsten Auflagen. Erst mal nur draußen. Im Publikum durften nicht mehr als 100 Personen sein. Außerdem mussten die Leute Abstand halten und somit war der Zuschauerbereich immer bestuhlt. Maske tragen war ja sowieso selbstverständlich. Auf der Bühne durften damals maximal zwei Musiker stehen. Ich kenne Trios, die im Sommer 2020 generell nur zu zweit aufgetreten sind. Während also große Acts wie *Metallica* oder Helene Fischer Däumchen drehen mussten, konnte Mambo Kurt im Sommer 2020 tatsächlich genügend Geld verdienen, um davon seine Miete zu bezahlen. Die Menschen waren in diesem Sommer sehr dankbar für jegliche Art von Entertainment. Eigentlich hätte ich nur die Rhythmusmaschine der Orgel für 90 Minuten laufen lassen können und die Zuschauer wären trotzdem abgegangen.

Anders als einige andere Künstler habe ich die Menschen nie zu etwas Verbotenem bezüglich Corona aufgefordert oder Stimmung gegen die Maßnahmen der Regierung gemacht. Ich selbst war nie für einen Impfzwang und ich bin auch immer sofort ohne Maske rumgelaufen, als das wieder erlaubt war. Aber in so einer Phase, in der man wirklich nicht weiß: Wie viele Menschen sterben jetzt hier an Corona?, musste man ja irgendwelche Maßnahmen einleiten. Die Politiker wollten damals auf Teufel komm raus verhindern, dass sterbende Menschen vor den überfüllten Krankenhäusern liegen. Ich verstehe gar nicht, warum der Politik das so wichtig war. Jeder vernünftige Bürger hätte doch eingesehen, dass jedes Gesundheitssystem überlastet wird, wenn plötzlich unfassbar viele Menschen auf einmal ins Krankenhaus drängen. Mit Sicherheit wird das nächste Virus irgendwann auf uns Menschen zurollen. Sei es aus dem Tierreich übergesprungen, aus einem Labor entfleucht oder meinetwegen von Außerirdischen auf diesen Planeten gebracht. Dann hoffen wir mal nur, dass es nicht viel ansteckender und tödlicher als Corona wird. Denn Corona war gar nicht so schlimm, von der reinen Letalität her. Es zählt halt die schiere Menge der Menschen, die noch nie mit dem Virus in Kontakt gekommen sind. In so einer Situation schlägt auch die relativ geringe Tödlichkeit von 0,5 Prozent voll zu. Das verstehen viele Mitbürger nicht.

Das mit Abstand absurdeste Corona-Konzert war eine Show in Worms. Das Konzert fand zu einer Zeit statt, als nur ein oder zwei Musiker auf der Bühne hätten stehen dürfen. Die Bühne war aber riesengroß und hätte für eine Big Band plus Tänzer ausgereicht. Zudem prangte im Hintergrund der Bühne eine ungefähr 120 Quadratmeter große Video-Leinwand. Im Himmel über dem Publikum hingen ganz viele wunderbar bunte Regenschirme. Ich fragte den Veranstalter, warum er denn eine so riesengroße Bühne aufgebaut hätte. Er sagte zu mir: »Das ist die Bühne von Helene

Fischer. Wir hätten mit diesem Equipment in diesem Sommer die Tour von Helene Fischer fahren sollen. Wir hatten das ganze Zeug schon in unserem Lager stehen und außerdem ist uns jetzt langweilig. Da haben wir das einfach mal hier für dich aufgebaut.« Abgerundet wurde die Absurdität in Worms durch die Tatsache, dass die Show mitten in der Stadt auf dem Parkplatz eines Autohauses stattfand. Deswegen war es eine Auflage der Stadt, dass es für die Anwohner nicht zu laut werden durfte. Also hatten alle Zuschauer im Publikum Kopfhörer auf. Der Einzige mit einem kleinen Monitor-Lautsprecher war ich auf der Bühne. Das machte meine Performance einzigartig. Die Leute im Publikum haben sich selbst überhaupt nicht gehört, denn sie hatten Kopfhörer auf. Die Zuschauer hatten aber trotzdem Lust, die Refrains der Songs mitzusingen. Doch wenn der Mensch sich nicht hört, dann wird es eine echte Kakophonie. Und so habe ich immer schon vor den entsprechenden Stellen ein bisschen schmunzeln müssen, weil ich wusste, dass niemand im Publikum beim Mitsingen den Ton treffen wird.

Im Herbst 2020 wurde so langsam klar, dass es recht schnell einen Impfstoff gegen Corona geben würde. Auch deswegen kamen manche Menschen auf irgendwelche Verschwörungstheorien. Der rasche Erfolg der Forschung war aber kein Wunder. Denn diese neuen mRNA-Impfstoffe bestehen sozusagen aus einem LKW, der den Impfstoff in den Körper hineintransportiert. Diesen LKW zu bauen, das ist sehr kompliziert und das dauert Jahrzehnte. Die Pharma-Firmen hatten aber diesbezüglich schon 20 Jahre investiert, denn sie wollten ihre mRNA-LKWs eigentlich als Krebsmedikament einsetzen. Das eigentliche Corona-Virus genetisch zu identifizieren ist hingegen babyeinfach gewesen. Nur deswegen war es der Wissenschaft möglich, so kurzfristig die mRNA-Impfstoffe gegen Corona zu entwickeln.

Als klar war, dass bald geimpft werden konnte, musste die Ärztekammer dafür sorgen, dass auch möglichst viele Ärzte ins Impfzentrum kommen würden. Deswegen hat die Ärztekammer im Herbst 2020 eine Online-Maske geschaltet, in der alle Menschen mit einer ärztlichen Approbation eintragen konnten, wann und wo und wie viel sie im Impfzentrum zu arbeiten gedachten. Da ich als Musiker (und dennoch voll approbierter Arzt) nun gar nichts mehr zu tun hatte, habe ich mein Interesse für jeden Tag, zu jeder Zeit und in jedem Impfzentrum von NRW bekundet.

Erst dachte ich, mich ruft sowieso niemand an. Doch dann kam es am 11. März 2021 zu meinem allerersten Einsatz als Impfarzt im Impfzentrum. Ich hatte mir vorher natürlich die Mühe gemacht und sämtliche Medikamente, die es in Deutschland gibt, in einer umfangreichen Liste ausgedruckt. Denn diesbezüglich hatte ich mittlerweile gewisse Defizite. Und ich hatte mich nochmal richtig fit gemacht, was es mit dem Impfen und den Impfstoffen auf sich hatte. Außerdem hatte ich alle YouTube-Tutorials bezüglich Reanimation und anderer Notfälle geschaut. Ich war also bestens vorbereitet, doch mir wurde direkt vor meinem ersten Einsatz in einer kleinen Kurzinstruktion des Impfleiters der Zahn gezogen, dass ich hier irgendwie ärztlich arbeiten würde. Denn dafür hat man schlicht und ergreifend im Impfzentrum beim ganzen Zettelausfüllen keine Zeit. Diesen Zettelkram kann theoretisch jeder Zwölfjährige erledigen, aber das darf er halt nicht, weil es eine hoheitliche Aufgabe für den Arzt oder die Ärztin ist. Den Piks an sich dürfen auch andere Menschen (Feuerwehrmenschen, Krankenpflegemenschen, medizinisch-technisch helfende Menschen) machen. Deswegen erledigten die Ärzte im Impfzentrum den Zettelkram (für 150 Euro die Stunde) und Nicht-Ärzte pikten (für 50 Euro die Stunde). Ich selbst habe im Impfzentrum nur einmal gepikt, doch dazu später.

Die ärztliche Arbeit im Impfzentrum bestand also im Wesentlichen nur aus Zettelkram. Wäre irgendjemand mit irgendeinem Notfall umgefallen, hätten wir Ärzte den Notarzt anrufen und einfach weiter impfen sollen. Das war die offizielle Maßgabe der Ärztekammer. Ansonsten hat man auch gar keine Zeit, den Leuten groß etwas zu erklären. Trotzdem haben wir Ärzte natürlich in den ersten Wochen im Impfzentrum viel labern müssen. Denn zuerst waren die alten Herrschaften dran. Alte Menschen in modernen Gesellschaften haben gerne mal viele Vorerkrankungen. Das dauert einfach, bis man das alles aufgenommen hat. Später, als die Impflinge jünger wurden, ging der Job des Impfens viel leichter von der Hand. Mein absoluter Rekord waren 240 Impflinge in einer 6-Stunden-Schicht. Aber das waren zugegebenermaßen fast nur Zweitimpfungen. Da brauchte ich nur zu fragen: »Hatten Sie bei der ersten Impfung irgendwelche Probleme? Nein, na dann kommt diesmal alles genauso.« Außerdem hatte ich mir schon einen kleinen Infozettel ausgedruckt, den ich in meiner Impfkammer aufgehängt habe. Das ersparte mir, immer dieselben zehn Sätze zu sagen: »Heute bitte nicht so viel Alkohol trinken und keine Sauna. Ein bisschen Erkältungssymptome sind normal. Bla bla bla.«

Ende April 2021 startete der Drehbuchautor Dietrich Brüggemann im Internet eine Aktion unter den Hashtags #allesdichtmachen, #niewiederaufmachen und #lockdownfürimmer. Solch cineastische Schwergewichte wie Jan Josef Liefers, Ulrich Tukur und Wotan Wilke Möhring stellten sich vor die Kamera. Aber die an sich gut gemeinte Aktion kam zum falschen Zeitpunkt und zudem etwas irreführend bis dämlich rüber. Die Mimen agierten so gut, dass Otto Normalverbraucher und Claudia Mustermann gar nicht merkten, dass Ironie und Sarkasmus im Spiel waren. Auch ich fand die Aktion unglücklich bis scheiße. Ich habe mich so aufgeregt, dass ich mich zum ersten Mal in meinem Leben persönlich an die Medien gewandt habe. Ich habe nach den E-Mail-Adressen von *Spiegel* und *Bild*-Zeitung gegoogelt. Ich habe beiden Zeitungen vorgeschlagen, dass sie mal lieber etwas über Künstler machen sollten, die während Corona ganz normal einem anderen Job nachgehen, um zu überleben. Ich selbst hätte nämlich auch Pizza ausgefahren oder in der Fabrik ausgeholfen, aber ich habe nun mal das Glück, dass ich promovierter und immer noch voll approbierter Arzt bin. Ich würde mich zwar nicht mehr trauen, in einem deutschen Krankenhaus zu arbeiten, doch ich könnte das schon nächsten Montag tun, weil die deutschen Krankenhäuser so händeringend Ärzte suchen. Meine einzigen Qualifikationen wären: Ich spreche Deutsch, verstehe darüber hinaus Medizinersprech und komme pünktlich zum Dienst. Das reicht aber heutzutage, so traurig es klingt. Wirklich wahr. Denn machen wir uns nichts vor: Nach 25 Jahren ohne kurative Tätigkeite wäre mein Einsatz auf einer Intensivstation tödlicher als Corona selbst. Allerdings muss ich zu meiner Ehrenrettung sagen, dass ich über die Jahre auch nicht der völlige medizinische Versager geworden war. Das zeigte sich, als kurz vor der Pandemie meine Nichte für ein Wochenende bei mir zu Besuch war. Um 18 Uhr setzte sich das Kind plötzlich zum Kotzen vor unsere Toilettenschüssel. Natürlich haben wir sofort an eine Lebensmittelvergiftung oder Noroviren gedacht. Meine Nichte hat sich stundenlang die Seele aus dem Leib gekotzt. Nun war es Zeit, dass ich mich zum Notarzt aufschwang. Ich habe den Bauch meiner Nichte abgetastet. Alles war weich und nichts war schmerzhaft. Also wohl Noro. Um Elf haben wir uns schlafen gelegt. Um 1 Uhr weckte mich meine Nichte auf. Sie hatte heftigste Schmerzen im Bauch. Ich tastete den Bauch nochmal ab. Er war bretthart. Zudem hatte das Kind die stärksten Schmerzen, wenn ich rechts unten in den Bauch reindrückte und dann schlagartig den Druck rausnahm. Das ist der sogenannte »Loslass-Schmerz« und somit ein klassisches Zeichen für einen entzündeten Blinddarm. Ich habe das Kind ins Auto gewuchtet und bin sofort mit ihr ins Krankenhaus gefahren. In ein Krankenhaus mit einer Station für Kindermedizin. Meine Nichte wohnt nicht in Bochum, wir sind also in ihre Heimatstadt gefahren, denn mir war klar, dass das Kind operiert werden würde, und Mama muss es ja schließlich auch zum Besuch schaffen können. Im Krankenhaus angekommen, schilderte ich der jungen Stationsärztin unser Dilemma. Darauf sie: »Ja, das ist aber nicht sicher mit dem Blinddarm. Da müssen wir erst mal einen Ultraschall machen.« Ich erwiderte: »Hören Sie mal, ich habe als Zivildienstleistender im Krankenhaus gearbeitet, die Bauchdecke ist bretthart und es gibt einen

Loslass-Schmerz. Das ist doch zu 1000 Prozent der Blinddarm.« – »Nein, wir müssen erst einen Ultraschall machen.« So machte die junge Stationsärztin einen Ultraschall, während meine Nichte vor Schmerzen jammerte. »Also ich sehe keinen entzündeten Blinddarm. Es ist nicht der Blinddarm. Aber ich wecke zur Sicherheit den Oberarzt.« Kurze Zeit später erschien ein circa 35-jähriger Oberarzt. Der Oberarzt führte dieselbe Ultraschalluntersuchung noch einmal durch. Auch er fand keinen entzündeten Blinddarm. Er fand noch nicht mal einen verdickten Blinddarm. Um ehrlich zu sein, fand er überhaupt keinen Blinddarm. Er sagte, dass die Chirurgen sich das am nächsten Morgen dann mal ansehen würden. Meine Nichte bekam Schmerz- und Beruhigungsmittel. Ich schlief bei meiner Nichte im Zimmer. Am Morgen kam der diensthabende Chirurg zu uns. Er hat dem Kind einmal auf den Bauch gedrückt und gesagt: »Das ist der Blinddarm, wir operieren sofort.« Bei der Operation zeigte sich auch des Rätsels Lösung, warum die Kindermediziner mit ihrem Ultraschall so daneben gelegen hatten. Der Blinddarm meiner Nichte war dermaßen entzündet, dass er zu einer feuerroten Einheit mit dem umliegenden Dickdarm verschmolzen war. Ein paar Stunden später wäre es tatsächlich zum Blinddarmdurchbruch gekommen. Ich habe diese Geschichte im Nachhinein natürlich auch meinen ehemaligen Kommilitonen (und heutigen Chefärzten) erzählt. Sie erklärten mir, dass sich in der heutigen Medizin im Vergleich zu den 1980er- und 1990er-Jahren einiges geändert hätte. Viele Ärzte, vor allen Dingen die jungen, legen sich erst auf eine Diagnose fest, wenn sie wirklich alle technischen Hilfsmittel bemüht haben. Kam vor 35 Jahren ein junger Mann mit Kopfschmerzen ins Krankenhaus, haben wir ihn gefragt: »Haben Sie gestern sehr viel Alkohol getrunken?« Wenn der Patient diese Frage bejahte, dann war uns klar, dass er einfach nur einen Kater hatte. Heutzutage machen Ärzte in so einem Fall ein CT oder MRT. Immer auf Nummer sicher gehen. Und die Kassen zahlen das auch anstandslos. Ein wirklich guter Mediziner braucht seine fünf Sinne, etwas Zeit für ein Patientengespräch, ein Blutbild, einen Hammer, eine Lampe und ein Stethoskop. Damit kann er nämlich 99,99 Prozent aller Diagnosen korrekt stellen.

Im Impfzentrum zu arbeiten, ist für einen Arzt wirklich Maloche. Zettel ausfüllen, Zettel stempeln, Unterschriften leisten. Da ich mit Sicherheit nur dann von der Ärztekammer engagiert wurde, wenn die Kacke so richtig am Dampfen war, hatte ich immer sehr gut zu tun. Manche Einsätze wirkten so, als hätte ein Kreuzfahrtschiff vor dem Impfzentrum angelegt. So viele Leute standen in der Schlange. (»Warum ist denn hier heute so ein Trubel?« – »Der Bürgermeister hat in einem Interview in der Tageszeitung gesagt, dass heute jeder zum Impfen kommen darf, der will. Die Priorisierung gilt heute nicht.« – »Aha.«) Die ärztliche Anforderung war minimal: Fische die Schwangeren und diejenigen Menschen mit einer Allergie auf einen der Trägerstoffe im Impfstoff heraus, alle anderen werden ausnahmslos geimpft. Später hat die *STIKO* die Anweisung mit den schwangeren Frauen zurückgenommen, da war der Job noch einfacher. Alle Ärzte waren sich einig, dass sie das auch für weniger Geld bzw. in der heißen Phase der Impf-Aktion sogar umsonst getan hätten. Weil Ärzte tatsächlich am liebsten

Menschen helfen. Natürlich haben alle Ärzte das Geld mitgenommen, das ihnen hinterhergeworfen wurde. Ich muss aber sagen, dass Mambo Kurt als Musiker sein Geld einfach schneller und schöner verdient. Würde mein restliches Arbeitsleben nur noch aus Zettelkram im Impfzentrum bestehen, würde ich lieber Bürgergeld beziehen.

Doch die Tätigkeit im Impfzentrum hatte auch schöne Seiten, die ich unbedingt erwähnen muss.

1. Das Arbeiten dort war für mich wie ein Flashback in alte Zeiten im Krankenhaus. Einige Impfzentren stellten Arbeitskleidung (OP-Kleidung). Natürlich gab es Umkleiden, aber alle Mitarbeiter*innen waren zu faul, bis zur Umkleide zu latschen. Also haben sich alle direkt an der Kleidungs-Ausgabe mitten in der Halle umgezogen. Genauso kenne ich es auch aus dem Krankenhaus. Nach meiner allerersten Schicht war ich wegen dieser OP-Erinnerung etwas melancholisch und habe abends einen Absacker getrunken und mich gefragt, wie mein Leben verlaufen wäre, wenn ich im Krankenhaus geblieben wäre.

2. Der erste Eindruck zählt. Deshalb bin ich immer anständig gekleidet ins Impfzentrum gegangen. Eine Lesebrille brauchte ich mittlerweile sowieso, die Haare waren ausgedünnt und deutlich über 50 war ich damals auch. Daher dachte nun wirklich jeder, dass ich Chefarzt oder altgedienter Besitzer einer gutgehenden Facharztpraxis wäre. Nicht selten kamen gestandene 33-jährige Oberärzte oder Oberärztinnen in meine Impf-Kabine und fragten mich irgendetwas, »weil Sie sicher mehr Berufserfahrung haben«.

Gott sei Dank waren die Fragen entweder belanglos oder ich hatte zufällig die gleiche Frage bei meiner letzten Schicht selbst gestellt. Geradezu legendär war eine Situation im Impfzentrum Lüdenscheid. Obwohl hier immer sehr viel zu tun war, sorgte die Leitung für eine 30-minütige Pause während der Übergabe von Früh- auf Spätschicht. Somit konnte man ein paar Minuten mit den Kollegen plaudern. An einem schönen Dienstagmittag standen also insgesamt zwölf Ärztinnen und Ärzte zusammen. Ich war zwar der Älteste, aber ich war auch garantiert derjenige mit der geringsten Berufserfahrung. Eine junge Krankenschwester, die in der Frühschicht den Menschen die Spritzen gesetzt hatte, kam auf uns zu. Sie fragte in unsere ärztliche Runde: »Hallo, ich habe selbst meine erste Impfung vor circa vier Wochen bekommen und übermorgen muss ich meine zweite Impfung bekommen. Kann ich die Zweitimpfung denn nicht schon heute bekommen? Dann müsste ich in zwei Tagen nicht nochmal den ganzen Weg nach Lüdenscheid fahren.« In diesem Moment verstummte das kollegiale Gemurmel und alle versammelten Ärztinnen und Ärzte drehten ihre Köpfe in meine Richtung. Ich musste also antworten. In ein paar Millisekunden tat mein Gehirn das, was es auch im Studium immer gut konnte, nämlich denken und dabei auf Nummer sicher gehen. Ich sagte wie aus der Pistole geschossen und im Brustton der Überzeugung »Nein, tut mir leid, das können wir nicht machen.« Alle anderen Kollegen und Kolleginnen schauten die Fragestellerin daraufhin mit einem Blick an, der deutlich vermittelte: »Boah, was ist denn das für eine doofe Frage gewesen? Natürlich geht das nicht. Jetzt geh.«

3. Das Schönste im Impfzentrum aber war, dass man uralte Menschen traf, die kerngesund waren und keine Medikamente nahmen. Das ist im Krankenhaus per definitionem unmöglich. Der dahingehend beste Dialog war der mit einer 93-jährigen Dame: »Nehmen Sie irgendwelche Medikamente ein?« – »Nein.« – »Gab es bei früheren Impfungen irgendwelche Probleme bei Ihnen?« – »Junger Mann, das ist die erste Impfung in meinem Leben!«

DER TOURBUS 31

Meine E-Mails an *Spiegel* und *Bild*-Zeitung wegen eines Berichts über Künstler, die in Corona-Zeiten den Job wechseln mussten um zu überleben, wurden schon am Tag darauf beantwortet. Die *Bild*-Zeitung wollte unbedingt ein Interview plus Fotos machen. Das ging terminlich aber erst in ein paar Werktagen. Dem *Spiegel* reichte ein Online-Interview via Zoom. Dafür war der *Spiegel* das einzige Medium, das einen handfesten Beweis für meine Geschichte haben wollte. Meine Geschichte erschien erst in *Spiegel online,* als ich meinen Ausweis der Ärztekammer fotografiert und zugeschickt hatte. Also war der *Spiegel* das erste Medium mit meiner Impfzentrum-Story.

Das Interview war höchst professionell und geradezu liebevoll. Denn der Redakteur war selbst ein Heavy-Metal-Fan und hatte mich schon in Wacken gesehen. Im Verlauf unserer Zoom-Konferenz sagte ich jedoch einen verhängnisvollen Satz: »Bin ich auf Frühschicht zum Beispiel in Lüdenscheid, muss ich da ja um 7:30 Uhr antanzen. Die Anfahrt schaffe ich morgens nicht bei meinem Biorhythmus. Also fahre ich schon abends mit meinem Tourbus vor das Impfzentrum und schlafe auf dem Parkplatz.« Auf diesen Satz ist der *Spiegel* total abgefahren und hat daraus sogar die Überschrift gemacht. Der Redakteur dachte nämlich, dass ich so einen richtig schicken Nightliner hätte. In Wirklichkeit zuckele ich aber mit einem Kleinbus durch die Gegend. In diesem Kleinbus befindet sich ein selbst gezimmerter Lattenrost plus Matratze und eine Standheizung. In diesem fahrenden Wohnzimmer kann ich zur Not auch ein paar Stunden chillen, wenn mal wieder auf irgendeinem Wald- und Wiesen-Festival eines ehrenamtlich geführten Kulturvereins der Backstage-Bereich aus einem zugigen DRK-Zelt besteht, auf dessen Bodenfläche Pfützen lauern.

Wegen des *Spiegel*-Artikels haben sich in den folgenden Tagen extrem viele andere Medien bei mir gemeldet. So einen Medienhype hatte zum letzten Mal die Promoabteilung der *Major*-Plattenfirma im Jahr 1999 für mich losgetreten. Damals habe ich eine ganze Woche lang in allen großen Städten jeden Tag zwölf Interviews gegeben. Bei jedem Interview musste ich dasselbe erzählen, hauptsächlich die Frage beantworten: »Wie ist Verona Feldbusch denn so privat?« Und jetzt im Mai 2021 gingen plötzlich alle steil auf meinen Nightliner, der in Wirklichkeit ein Kleinbus war. Es kam, wie es kommen musste: Die *Westfalenpost* aus meiner Heimatstadt Hagen wollte einen Artikel bringen und außerdem eine Fotosession vor dem Impfzentrum Hagen machen. Ich solle bitte meinen Nightliner mitbringen. Den hatte ich aber nicht, und mir war peinlich, dass die Leser sofort schnallen würden, dass mir keine Nasszelle zur Verfügung steht, wenn ich in meinem Kleinbus schlafe. Am Ende des Tages war das natürlich vollkommen egal, denn man hätte 2021 im Impfzentrum auch ungeniert arbeiten können, wenn man zwei Wochen nicht mehr geduscht hätte – schließlich hatten ja alle Menschen immer Masken auf. Aufs Klo gehen kann man im Impfzentrum ja sowieso, und Zähneputzen schaffe ich auch noch an der frischen Luft auf dem Parkplatz. Aber ich wollte für die Fotostory trotzdem nicht in meinem kleinen Bus vorfahren. Also habe ich meinen alten Freund Christoph gefragt, ob er mir sein Wohnmobil ausleihen kann. Damit haben wir ein wunderschönes Fotoshooting gemacht. Motiv: Wohnmobil auf dem leeren Parkplatz des Impfzentrums Hagen in der Abenddämmerung, hintere Klapptüren stehen auf, unten drin liegt meine Heimorgel und oben drüber sitzt Dr. Limpinsel in vollem Mambo-Kurt-Outfit. Der Artikel erschien am folgenden Montag, den 10. Mai 2021, in der *Westfalenpost* auf der Titelseite. Zufälligerweise arbeitete ich genau an diesem Montag im Impfzentrum Hagen auf Frühschicht. Und immer, wenn ich mich in meiner Kabine vorstellte (»Mein Name ist Limpinsel, ich bin der Impfarzt.«), haben die Leute gesagt: »Ach, der aus der *Westfalenpost*.«

Die ganze Sache wurde dann noch absurder, als auch SAT1-TV und WDR-TV anfragten. SAT1 wollte unbedingt ganz schnell einen Dreh – wieder in Hagen, wieder mit Nightliner, wieder auf dem Parkplatz des Impfzentrums. Also musste ich ein paar Tage später meinen Kumpel Christoph nochmal um sein Wohnmobil anpumpen. SAT1 wollte dann plötzlich auch im Impfzentrum drehen. Ich meinte: »Ja, ich weiß nicht, ob wir das dürfen.« Aber private Fernsehleute sind sehr gut vorbereitet, wenn sie etwas wirklich drehen wollen: »Wir haben schon den Bürgermeister gefragt, das geht klar.« Und so kam es, dass Dr. Limpinsel den einzigen selbst durchgeführten Impf-Piks vor laufenden SAT1-Kameras tätigte. Dankenswerterweise hatte die Leiterin des Impfzentrums einen jungen Bodybuilder als Statisten ausgesucht. Viel Muskel, wenig Hautfett – so macht eine intramuskuläre Injektion geradezu Spaß. Der WDR hingegen hat eine ganze Schicht von mir im Impfzentrum Borken begleitet. Das war natürlich ein Raunen unter den Beschäftigten, als plötzlich ein Arzt mit einem 3-Mann-Fernsehteam im Impfzentrum auftauchte. Am Ende der Schicht hatte es sich herumgesprochen, dass ich Mambo Kurt und somit C-prominent sei. So hat sogar der Leiter des Impfzentrums Borken mich am Ende mit dem Heavy-Metal-Gruß verabschiedet.

Ich kenne meinen Kumpel Christoph seit Anfang der 1980er-Jahre. Er ist ein Jahr älter als ich und war auf dem Gymnasium somit eine Jahrgangsstufe über mir. Wir haben früher viele Jahre zusammen in einer Band Musik gemacht. In meinem Hagener Freundeskreis ist Christoph auch unter den Spitznamen »Big C« und »der Abt« bekannt. Big C, weil er der ältere von zwei Brüdern ist. Den Spitznamen »der Abt« trägt mein Kumpel, weil er einmal (!) in unserem Probenraum einen schwarzen Hoodie getragen hatte. Das war im Jahr 1990. Bevor unser Sänger an diesem Tag zu Christoph das erste Mal »der Abt« sagte, blödelten wir deutlich alkoholisiert über den Einmarsch der US-Amerikaner in den Irak während des zweiten Golfkriegs. Das war damals aktuelles Tagesthema. Christoph ließ sich zu der saudummen Bemerkung hinreißen: »Die Amis sollen mich im Flugzeug über das Land fliegen und dann sperme ich den ganzen Irak voll. Dann ist der Krieg vorbei.« Daraufhin sagte unser Sänger: »Jau, der Abt spermt den ganzen Irak voll, ha ha.«

Christoph und ich waren in unserer Kapelle die beiden Musiker mit den größten Autos. Deswegen waren wir beide immer die Blödmänner, die vor und nach Auftritten am meisten zu schleppen hatten. Denn Gitarristen und Sänger verschwinden nach einer Show schon mal gerne mit den Groupies irgendwohin. Zudem hatten Christoph und ich das größte technische Verständnis. Also war es unser Job, diejenigen Kabel wieder zusammenzulöten, die irgendwie einen Wackelkontakt am Stecker hatten. Natürlich haben Christoph und ich auch das erste Lautsprechersystem für unsere Kapelle selbst zusammengezimmert. Wir waren damals beide unter 20 Jahre alt und sind extra 190 Kilometer bis zu irgendeinem Hersteller für Lautsprecher gefahren. Mein Kumpel hat sich als Elektroniker ausgegeben, was aber komplett gelogen war. Immerhin hatte Christoph extra einen Gewerbeschein angemeldet, damit wir 4 Prozent Rabatt bei dem Hersteller bekamen. Wir beide wussten damals, wie man Kabel lötet und wie man zwei Tapedecks so anschließen muss, dass man die Musik von einer Kassette auf die andere kopieren konnte. Damit war unser elektronisches Sachverständnis aber auch schon erschöpft. Das Gespräch, das wir beide beim Lautsprecherhersteller hatten, ist bis heute unter den Top 3 meiner peinlichsten Erlebnisse gelistet. Auch der Begriff »Flankensteilheit« ist seither ein Synonym für Raketentechnik, die ich nicht verstehe.

Apropos: Top 1 meiner peinlichsten Erlebnisse ist die völlige Trantütigkeit meinerseits gewesen, als mein erster großer Schwarm Kerstin Kowalski aus der 9a von mir ein

Foto einforderte. Denn offensichtlich fand Kerstin mich auch nett. Da ich cool sein wollte, gab ich ihr eine Art Horrormasken-Foto, welches ich als nerdiger Fotograf mit Dauerbelichtung und Doppelblitz erschaffen hatte. Ohne dieses Foto wäre mein ganzes Leben anders verlaufen und ich wäre der erste Junge aus meiner Jahrgangsstufe mit echter Freundin geworden und nicht Holger, der rastabezopfte Gitarrenspieler, der damals sogar schon ein selbstgebautes Snowboard vorzeigen konnte.

Christoph hatte damals genau wie ich die beiden wichtigsten Eigenschaften, die ein Musiker braucht: Er war verrückt und er war hibbelig. Ok, er war in den frühen 80ern nicht mit dem Linienbus zum Kaufhof gefahren und hatte dort in der Öffentlichkeit Heimorgel gespielt, um zu zeigen, wie toll er war. Das lag einfach daran, dass es im Kaufhof zu der Zeit ausschließlich Heimorgeln zu kaufen gab und Christoph kein Tastenmann ist. Aber Christoph liebt Musik so sehr wie ich. Wir beide waren die einzigen Musiker aus unserer Kapelle, die 1985 jede Sekunde von »Live Aid« am Bildschirm verfolgt haben. Alle anderen Kumpels haben irgendwann das TV-Zimmer zum Labern oder Grillen verlassen.

Als ich Christoph in der Volleyball-AG unseres Gymnasiums zum ersten Mal begegnet bin, trank er ungefähr drei Liter Milch pro Tag. Eine Woche später war ich das erste Mal bei ihm zu Hause und brachte ihm als Begrüßungsgeschenk eine Flasche Milch mit. Christoph schaute mich entgeistert an und meinte: »Was soll ich mit der Milch? Ich trinke nur noch Cola light.« Mittlerweile hatte er zudem blau gefärbte Haare. Trotzdem hat Christoph einen anderen

Lebensweg gewählt als professioneller Musiker zu werden. Er hat eine solide Karriere in der Computerbranche hingelegt. Hätte ich Christoph doch bloß mal bei meinem ersten Kontakt mit Computern angerufen. Denn irgendwann in den frühen 1990er-Jahren hatte ich mir ein Musikkeyboard gekauft, das über ein MIDI-Kabel Tausende an Klängen von einer Computerdiskette loaden konnte. Dazu musste man das Keyboard allerdings mit einem Computer verbinden. Den Computer hat mir Christoph ausgeliehen, und die Diskette mit den Tausenden von Sounds hatte ich mir für wirklich teures Geld im Fachhandel gekauft. Ich legte die Diskette in den Computer ein, und auf dem Bildschirm erschien die Frage: »Wollen Sie die Diskette formatieren?« Ich hatte absolut keine Ahnung, was formatieren war. Hörte sich aber gut an. Daher habe ich auf »JA« gedrückt. Dann erschien ein kleiner Balken, der immer länger wurde. Ich hatte somit die sündhaft teure Diskette gelöscht und konnte mir am nächsten Tag eine neue Diskette besorgen.

Warum bin also ich Profi-Musiker geworden und Christoph nicht? Auf den ersten Blick vollkommen unbedeutende Details könnten hier den Ausschlag gegeben haben. Zuallererst muss ich meine Heimorgel nennen. Sie ist sozusagen meine Kapelle, aber Geld verdienen tue ausschließlich ich. Wäre Mambo Kurt ein Trio, würde es schon echt knapp mit dem Geldverdienen. Des Weiteren hatten seit dem Auszug aus dem elterlichen Haus alle meine Wohnungen einen ebenerdigen Keller bzw. eine Garage. Das ist ganz wichtig wenn man Heimorgelspieler ist. Ohne ebenerdigen Keller wäre ich nie auf die Idee gekommen, mir im Jahr 1994 die größte jemals gebaute Heimorgel zu kaufen. Doch ohne diese Heimorgel hätte ich im Jahr 1996 logischerweise keine erste Show in einer Bochumer Rock- und Hip-Hop-Disko geben können.

Emmi

32

Die deutsche Politik hat während der Pandemie für mein Dafürhalten sehr große Fehler gemacht. Der größte Fehler war das unsägliche Geschwafel darüber, dass die Impfpflicht auf jeden Fall kommen wird. Die Politik darf durchaus eine Impfpflicht anordnen. Aber in diesem Fall muss gewährleistet sein, dass die Impfungen eine Krankheit ausrotten können. Dieser Faktor war bezüglich Corona niemals gegeben. Die Wissenschaftler wussten zu jedem Zeitpunkt der Pandemie, dass Geimpfte sowohl erkranken als auch Viren weitergeben können. Insofern habe ich zwar gerne als Impfarzt den Menschen die Möglichkeit gegeben, sich freiwillig impfen zu lassen. Doch wäre die Impfpflicht tatsächlich gekommen, wäre ich sofort in Opposition gegangen. Während der Pandemie war ich auch glücklich, keine Kinder zu haben. Denn man stand ja wie ein Aussätziger da, wenn man seine Kinder nicht geimpft hat. Ich hätte meine Kinder nicht geimpft und mich auch selbst nicht impfen lassen, wenn ich unter 35 Jahre alt gewesen wäre. Junge Leute hatten nämlich kaum Probleme mit Corona. Probleme mit Corona hatten sehr alte, vorerkrankte und dicke Menschen. Und weil Corona nun mal auf die Lunge schlägt, bekamen auch die Raucher massive Probleme. Dass die deutsche Polizei Jugendliche mit dem Polizeiauto durch eine öffentliche Parkanlage verfolgte, weil diese Jugendlichen an der frischen Luft zusammengesessen haben, war völliger Schwachsinn. Da hätte die Politik wirklich etwas mehr Weitsicht beweisen müssen.

Ich hatte während der Pandemie dreimal Spätschicht an einem Sonntagabend. Jedes Mal wurden meine Patientenaufklärungen schon zwölf Stunden später von der Impfkommission und der Politik für null und nichtig erklärt: »›AstraZeneca‹ verursacht keine häufigen Nebenwirkungen, machen Sie sich keine Sorgen.«, »Man versucht in der Medizin generell immer mit demselben Impfstoff zu impfen.«, »Geimpfte niesen viel weniger Viren aus.« usw. Wissenschaftler sind sich bewusst, dass sich die Wissenschaft immer wieder neu ausrichtet, wenn neue Studienergebnisse das Licht der Welt erblicken. Und während der Pandemie kamen neue Studienergebnisse sozusagen halbtäglich. Also war es für Drosten und Co. normal, halbtäglich die Meinung zu ändern. Doch normale Bürgerinnen und Bürger denken nicht so. Kein Wunder, dass der ein oder andere über Corona in wirre Verschwörungstheorien abgedriftet ist. Apropos – den Menschen, die daran glauben, dass Bill Gates uns alle gechipt hat, möchte ich Folgendes sagen: Wenn Bill Gates das wirklich gemacht hat, wird er ja demnächst auch seinen berühmten Schalter umlegen, damit wir alle sterben. In diesem Fall müsst ihr, liebe Verschwörungstheoretiker, euch ebenfalls einen Termin für diesen Massenmord setzen. Und wenn nach diesem Termin die Menschen immer noch leben, war eure Verschwörungstheorie falsch.

Klickt der Bill-Gates-bringt-uns-alle-um-Schalter aber erst in 40 Jahren, dann schätzt ihr wiederum etwas grundsätzlich falsch ein.

Ich kenne ein paar brave Bürgerinnen und Bürger, die vor der Pandemie stramm links bis geradezu linksextrem eingestellt waren. Aber spätestens, als die Antifa unter Polizeischutz die Impfskeptiker bei den Demos bespuckt hat, wählen diese Menschen jetzt die AfD. Wie gesagt: Die Politik hätte etwas mehr Weitsicht beweisen müssen. Und zu skandieren »Wir impfen euch alle!«, nur weil die Rechten was gegen das Impfen haben, zeugt auch nicht gerade von politischer Weitsicht der Ultralinken.

Solch radikal gegensätzliche Einstellungen gab es früher nicht so sehr. In vergangenen Zeiten war es durchaus möglich, dass zwei Menschen mit komplett unterschiedlichen politischen Ansichten trotzdem gute Freunde waren. Ich denke hierbei an meine Oma Anna und an ihre Freundin Emmi. Anna und Emmi kannten sich seit Beginn der 1920er-Jahre. Die beiden Damen haben jahrzehntelang in derselben Nachbarschaft gewohnt. Als mein Opa im Jahr 1986 gestorben war, konnte er logischerweise meiner Oma nicht mehr die Kohlen bis in den vierten Stock hochschleppen. Da ist meine Oma dann sogar als Mieterin in das Haus von ihrer Freundin Emmi eingezogen. Das Besondere an dieser Situation war aber, dass meine Oma eine verkappte Kommunistin und Emmi eine stramme Nationalsozialistin war. Also wenigstens während der zwölf Jahre des »Tausendjährigen Reiches«. Trotzdem waren die beiden Damen beste Freundinnen. Emmi hätte niemals meine Oma verraten, und umgekehrt auch nicht.

Ich habe Emmi ein paar Mal im Hausflur getroffen, wenn ich meine Oma in den Jahren 1986 bis 2005 besucht habe. Jedes Mal fing Emmi an davon zu erzählen, dass sie im Jahr 1938 den größten Fehler ihres Lebens begangen habe. Denn damals hatte sie irgendeinen feurigen Liebhaber, der nach Amerika ging und sich dort eine neue Existenz aufgebaut hat. Emmis Mutter wollte nicht, dass sie mit diesem Mann nach Amerika auswanderte, und Emmi hat dummerweise auf ihre Mutter gehört. Warum erzähle ich das? Weil ich hoffe, dass es ein paar junge Menschen unter den Leserinnen und Lesern meines Buches gibt. Ich kann euch nämlich nur raten, hört bei solchen existenziellen Entscheidungen auf euer Bauchgefühl. Ich kenne niemanden, der sich sein Leben lang gegrämt hat, weil er etwas versucht hat, was dann in die Hose gegangen ist. Ich zum Beispiel bin mir nicht böse wegen der Kapelle mit der weißen Orgel oder dem Carbon-Wohnmobil. Ich kenne aber sehr viele Menschen, die sich ihr Leben lang grämen, weil sie irgendwelche Chancen haben verstreichen lassen.

Ebenso mache ich mir echte Sorgen um viele junge Menschen. Denn viele junge Menschen leben vegan. Besonders dramatisch ist, dass sie industrielle vegane Produkte kaufen. Doch hochverarbeitete Nahrung von der Industrie ist niemals gesund. Je mehr Industriekram du verzehrst, desto häufiger bekommst du in höherem Alter Krebs. Ich kannte schon in der Mitte der 80er-Jahre viele Menschen, die vegan gelebt haben. Denn ich hegte damals eine große Sympathie zur ultralinken Szene, vor allem zu den starken feministischen Powerfrauen. Ich selbst war zwar nur ein unpolitischer nerdiger Heimorgelspieler, aber ich habe stundenlang mit diesen Menschen abgehangen. Alle diese 80er-Veganer haben entweder nach ein paar Jahren wieder tierische Produkte gegessen (einige davon sogar heimlich, um in ihrer Wohngemeinschaft nicht blöd dazustehen), oder sind krank geworden. Einer hat es sogar wegen eines Nervenschadens bis auf die Intensivstation geschafft. In den letzten 40 Jahren kann sich der Stoffwechsel des Homo sapiens nicht derart geändert haben, dass den Veganern von heute ein anderes Schicksal blühen würde. Es dauert halt 15 Jahre bis die Zipperlein kommen. Die Schulmedizin weiß auch, warum dem so ist: In einer veganen Ernährung fehlt Vitamin B12. Gleiches gilt für essentielle Aminosäuren (meist Lysin) und langkettige n-3-Fettsäuren. Hardcore-Veganer leiden oft an einem Mangel von Vitamin D und Riboflavin. Ultrahäufig rutschen Veganer in eine Unterversorgung von Mineralstoffen (Calcium, Eisen, Jod, Zink, Selen) hinein.

Menschen um die 50 hingegen verzweifeln oftmals an Diäten. Denn sie wollen abspecken, aber scheitern. Es sind die schnellen Kohlenhydrate, die dich dick machen. Denn in schnellen Kohlenhydraten stecken zum einen Unmengen an Kalorien. Zum anderen sorgen schnelle Kohlenhydrate aber für eine erhöhte Ausschüttung von Insulin in deiner Bauchspeicheldrüse. Doch Insulin ist ein dickmachendes (anaboles) Hormon. Schnelle Kohlenhydrate stecken in Auszugsmehlen und Haushaltszucker. Holst du dir 1000 Kalorien aus Kuchen, wirst du dick. Holst du dir 1000 Kalorien aus Eiern und Olivenöl, dann bleibst du schlank. So einfach ist das. Hast du genug Eiweiß und Fett in deinen Mahlzeiten, dann kennst du außerdem keine Heißhungerattacken mehr. Da ist es fast schon überflüssig zu sagen, dass Haushaltszucker Demenz, Parkinson, Diabetes und Krebs auslösen kann. Süchtig macht Haushaltszucker obendrein.

Auch Stress sorgt dafür, dass deine Körperzellen vermehrt Fett abspeichern. Außerdem neigen gestresste Menschen zu einem komplett falschen Essverhalten. Gestresst kannst du locker 7000 Kalorien pro Woche zusätzlich aufnehmen, ohne dass dir das überhaupt bewusst wird. Sport hingegen ist gar nicht so wichtig, wie du denkst. Wenn du dein Leben tatsächlich umstellst, dann wäre Sport sozusagen die Kirsche im Sahnehäubchen deines Lebens. Aber um abzunehmen, musst du deinen Stress reduzieren und anständige Lebensmittel essen. Sport kommt ganz klar erst an dritter Stelle.

Und weil ich nun mal Arzt bin, muss ich in meinem Buch einfach noch zwei Sachen raushauen:

90 Prozent aller Hämorrhoiden würden von allein wieder verschwinden, wenn die Menschen in Hockstellung kacken würden. Die Erfindung der Klobrille hat somit mehr Leid über die Menschheit gebracht als so manche Pandemie. Ich kenne ein paar Menschen, die begeisterte Im-Hocken-Kacker sind. Sie vergleichen die Grundhaltung beim Kacken mit dem Öffnen eines festsitzenden Gurkenglases. Würdest du versuchen, ein festsitzendes Gurkenglas mit ausgestreckten Armen zu öffnen, dann entspräche dies dem Kacken im Sitzen. Instinktiv öffnest du ein festsitzendes Gurkenglas aber, indem du deine Hände ganz nah am Brustkorb hältst. So geht es einfach besser. Natürlich gibt es auch eine seriöse schulmedizinische Begründung dieses Phänomens: Wenn du auf der Toilette sitzt, klemmt der Puborektalmuskel noch erheblich deinen Enddarm ab. Du musst viel doller pressen.

Im Hocken hingegen schwenkt der Muskel zur Seite und die Devise lautet: »Feuer frei«.

Auch Alzheimer macht heutzutage echt viele Probleme. Das liegt unter anderem daran, dass die Menschen zu viel Haushaltszucker essen. Der Verzehr von Haushaltszucker ist statistisch ganz eindeutig mit der Entstehung von Alzheimer korreliert. Du hast Bock, dich jetzt sofort auf Alzheimer zu testen? Dann malst du einfach das Zifferblatt einer analogen Uhr auf ein Blatt Papier. Komplett mit allen zwölf Ziffern und den beiden Zeigern für Minute und Stunde. Die Zeiger sollen die Uhrzeit »10 Minuten nach 2 Uhr« anzeigen. Schaffst du das, dann hast du keinen Alzheimer. Sollte irgendwie bei dir irgendwann einmal die Diagnose Alzheimer im Raum stehen, dann könntest du komplett auf alle Kohlenhydrate in der Nahrung verzichten. Denn einige Wissenschaftler behaupten, dass so eine Ernährung (ketogene Diät), die Demenz zumindest stoppen kann.

Corona positiv

33

Am 2. Februar 2022 fiel zum ersten Mal ein Corona-Test bei mir persönlich positiv aus. Yippieh. Meine Frau und ich hatten es nämlich sozusagen darauf angelegt, endlich mit Corona infiziert zu werden. Schuld an unserem Verhalten war ein Interview mit Herrn Drosten in den öffentlich-rechtlichen Medien kurze Zeit zuvor, in dem er sinngemäß sagte: »Am besten wäre es, wenn die Menschen sich kurze Zeit nach ihrer dritten Impfung mit dem Corona-Virus infizieren würden. Dann ist die Immunantwort am besten.« Apropos Immunantwort: Viele Menschen vergessen, dass eine Impfung nur einen Reiz für das Immunsystem darstellt. Nicht die Impfung bekämpft irgendwelche Viren, sondern immer und ausschließlich das Immunsystem. Die Impfung warnt das Immunsystem sozusagen lediglich vor. Und ein vorgewarntes Immunsystem kann dann schneller reagieren. Insofern tut es mir als Mensch mit einer Diabetes-Vergangenheit in der Seele weh, dass unsere Bundesregierung viele Milliarden für die Impfung von Menschen ausgegeben hat, aber so gut wie keinen müden Cent, um grundsätzlich für eine Verbesserung des Immunsystems bei uns Deutschen zu sorgen. Kein Stress, gesunde Lebensmittel und körperliche Bewegung – das stärkt das Immunsystem. Während der zwei Jahre Pandemie hätten somit viele hochgewichtige Menschen ein besseres Immunsystem erlangen können. (Hochgewicht an sich schwächt nämlich das Immunsystem.)

Aber ich schweife ab. Mir selbst ging es überhaupt nicht schlecht während meiner Quarantäne. Ich habe während dieser Zeit sogar fast die komplette Arbeit an meiner CD »Sommerhits« über die Bühne gebracht. Wenn du diese CD ganz penibel durchhörst, dann merkst du, dass ich beim »Sunshine Reggae« ganz leicht nasal singe. Denn diesen Song habe ich als ersten aufgenommen. Da war ich noch etwas verschnupft. In der Nacht vom dritten auf den vierten Tag meiner Quarantäne hatte ich tatsächlich einmalig etwas schlimmere Erkältungssymptome. Da habe ich doch gemerkt, dass Corona eine andere Potenz hat als eine banale Erkältung oder Grippe. Irgendetwas war ganz komisch. Ich war tatsächlich froh, dass ich geimpft war. Im Sommer und Herbst habe ich dann noch zweimal Corona bekommen. Die Symptome waren jeweils deutlich schwächer. Trotzdem konnte man bei Corona nicht vorhersehen, wie die Krankheit zuschlagen würde. Meine Frau hat sich kurze Zeit nach mir für drei Tage ins Bett legen müssen, weil es ihr ziemlich mies ging. Und ein guter Radfahrkumpel von mir hätte sich fast selbst ins Krankenhaus eingewiesen. Er ist zwei Jahre jünger als ich, Nichtraucher und deutlich sportlicher als ich. Corona hat ihm richtig Probleme bereitet.

Ein besonders einzigartiges Detail bezüglich Corona möchte ich euch noch abschließend schildern: Als das Impfzentrum in Marburg seinen Betrieb einstellte, gab es dort eine große Party für alle Mitarbeiterinnen und Mitarbeiter.

Mambo Kurt war dort als Act gebucht, und ich habe live gespielt. Ich bin somit sicherlich der einzige Mensch, der als Arzt und Musiker in einem Impfzentrum Geld verdient hat.

Athen

34

Insgesamt bin ich wirklich mit weniger als einem blauen Auge durch die Pandemie gerutscht. Auf meinem Girokonto befand sich am Ende der Pandemie der exakt gleiche Geldbetrag wie zu Beginn. Natürlich hatte ich als im Arzt im Impfzentrum ein paar Euro dazu verdient. Und natürlich habe auch ich diese Corona-Förderung beantragt und bekommen. Trotzdem hatte ich mehrere 10000 Euro als Musiker liegen lassen. Da kann man doch mal sehen, dass Gewinn immer das Verhältnis von Ertrag zu Kosten darstellt. Wenn man gar nicht auf Tour und in Urlaub fährt, hat man halt auch keine Kosten. Man braucht dann nicht so viel Ertrag, um am Ende dasselbe Geld in der Tasche zu haben. Überhaupt ist Geld in der heutigen Zeit absolut nicht das Wichtigste. Als hätte es dafür noch einen Beweis benötigt, bin ich im September 2023 mit einem Fahrrad vom Sperrmüll von Bochum bis Athen gefahren. Das Rad habe ich in Athen verschenkt, denn ich hatte keinen Bock auf den Stress mit dem Einpacken für den Rückflug. Ich war wieder mit meinem Kumpel Alexander unterwegs, der mich auch schon 2019 nach Palermo begleitet hatte. Uns beiden Hobby-Philosophen wurde auf der Reise klar, dass die Gesellschaft vor und nach Corona eine andere war. Unter anderem hängen die Menschen noch mehr im Internet bzw. an ihren Smartphones. Auch 2019 hatte ich bereits jeden Tag einen Reisebericht bei Instagram und Facebook eingestellt. Damals war die Resonanz aber eher verhalten. 2023 hatte ich schon 8767 Likes und 1451 Kommentare bei Facebook, als ich am Tag vor der Abfahrt lediglich einen Screenshot der geplanten Route eingestellt hatte.

Auch kriecht der Reichtum der reichen Menschen immer mehr wie ein Krebsgeschwür durch unser Land. Das Ruhrgebiet ist davon zwar relativ wenig betroffen, aber bald herrschen wohl auch im Pott Münchner Verhältnisse. Aktuell vergraulen irgendwelche Investoren den alteingesessenen *2.Hand Handelsplatz* aus seinen ehrwürdigen Hallen hinter dem Bochumer Hauptbahnhof. Dort sollen Wohnungen hin. Der Handelsplatz ist nicht nur Bochums bester Trödelladen, sondern eine soziale Institution von überregionaler Bedeutung. Im Handelsplatz arbeiten nur nette Menschen und es gibt billigen Kaffee. Zudem sehen einige Damen hinter der Theke echt Bombe aus. Wenn ich mal ganz schlechte Laune habe, dann nehme ich irgendein Ding aus meinem Keller, fahre zum Handelsplatz und verschenke das Ding dort für den Wiederverkauf. Das klappt aber nur, wenn die bestaussehendste und netteste Dame dort arbeitet. Denn offiziell nimmt der Handelsplatz keine Spenden an. Doch besagte Dame hat mit mir nach *Bochum Total* schon mal ein Bier im Intershop getrunken und drückt deswegen bei mir immer ein Auge zu. Nach einem kurzen Besuch im *2.Hand Handelsplatz* ist meine Laune wieder top. Besser und billiger als jede Psychotherapie. So was macht Städte lebenswert. Kommunalpolitiker müssen einfach einsehen, dass ihre Städte langweilig und öde werden, wenn überall spießige Besserverdiener hausen. Aber ich befürchte, dass meine Worte kein Gehör finden. Das Schicksal der Städte ist überall auf der Welt gleich. Die künstlerischen und kreativen Menschen haben wenig Geld und bevölkern die ganz billigen Wohngegenden. Das merken natürlich auch die spießigen Neureichen, die gerne in der Nähe der Künstler und Kreativen wohnen. Denn dann strahlt ein bisschen Glanz von der Subkultur auf sie ab. Am Ende ziehen immer mehr Neureiche in das ehemalig kreative Viertel. Und 20 Jahre später sind die Kreativen woanders hingezogen, weil die Mieten nicht mehr zu bezahlen sind. Am Prenzlauer Berg in Berlin kann man diesen Effekt in Reinkultur beobachten. In den frühen Nullerjahren gab es hier eine Kneipe neben der nächsten. Viele der Kneipen haben Livemusik oder Disko angeboten. Mambo Kurt ist damals oft dort aufgetreten. Dann haben die Neureichen gegen den Lärm geklagt, und alle Diskotheken und Musikclubs mussten schließen. Mittlerweile sind die Kinder der Neureichen in einem Alter, dass sie gerne Livemusik hören oder in einer Diskothek tanzen gehen. Heutzutage müssen sich die neureichen Kinder vom Prenzlauer Berg dann in ein gemietetes Uber-Auto setzen und zu irgendwelchen anderen Locations in Berlin fahren. Verrückt.

Ja, das ist der Lauf der Dinge. Wir werden halt alle älter. Auf dem *Karnevalsport* 2024 haben wie gesagt *Die Toten Hosen* gespielt. Aber niemand wusste im Vorfeld, dass sie kommen würden. Sogar in den Zeitplänen für die Techniker stand nur der Vermerk »15:15 Düsseldorfer Karnevalskapelle UNVERÄNDERBAR«. Nun könnte man denken, dass *Die Toten Hosen* extrem penibel sind und deswegen auf ihre strikte Showtime gepocht haben. Eine andere Möglichkeit wäre, dass sie nach dem Auftritt beim *Karnevalsport* noch ein anderes Engagement gehabt hätten. Doch beide Vermutungen sind falsch. Manchmal ist des Rätsels Lösung so banal, dass man nicht darauf kommt. Der Sänger der *Toten Hosen*, Campino, ist nämlich begeisterter Fußballfan. Er ist Anhänger des *FC Liverpool*. Und kurz nach 16 Uhr gab es an diesem Karnevalssamstag eine Liveübertragung im Internet von einem Spiel des *FC Liverpool*. Campino saß also nach seiner Show pünktlich in seinem VIP-Container und hat Fußball geschaut.

Überhaupt war es für mich eine tolle Erfahrung, den *Toten Hosen* bei ihrem Auftritt zuzuschauen. Denn weil ich einen AAA-Künstlerausweis hatte, durfte ich direkt oben auf die Bühne zu den Karnevals-Ministern. Ich stand also etwa 1,50 Meter hinter dem Trommler und habe mir die ganze Show der *Hosen* angeschaut. Die *Hosen* selbst sagen über sich, dass sie keine handwerklich guten Musiker seien. Und in der Tat haben die *Hosen* sich bei diesem Auftritt mehrmals verhaspelt. Im Publikum hat das zwar keiner gemerkt, denn alle waren im Glücksrausch, dass Deutschlands größte Punkrock-Band live im Kölner Karneval spielte. Aber als Keyboarder habe ich schon gemerkt, dass Trommler und Bassist manchmal bereits im Refrain waren, während die Gitarristen und Campino noch eine Strophe dranhängen wollten. Egal, die Einstellung zählt und das Feeling stimmte.

Hätte ich im Vorfeld gewusst, dass *Die Toten Hosen* im *Karnevalsport* auftreten werden, dann wäre ich in mein Archiv gegangen und hätte den *Prinz Düsseldorf* aus dem Jahr

1999 geholt und diesen Campino für ein Autogramm vorgelegt. Der *Prinz* war die Mutter aller Stadtmagazine, eine Illustrierte mit kommunaler Reichweite. Im *Prinz* wurden aktuelle Trends vorgestellt und es gab Besprechungen von Musik-CDs und Kinofilmen. Dazu kam ein umfangreicher Veranstaltungskalender. Im damaligen *Prinz* gab es ein Ranking »Die 10 schönsten Düsseldorfer«. Ich weiß zwar nicht, warum ich plötzlich als Düsseldorfer galt, trotzdem habe ich es in das damalige Ranking geschafft. Ich lag im Ranking einen Platz vor Campino: Mambo 3, Campino 4. Zu jedem Mann gab es damals eine kleine Bemerkung der Jury. Bei mir standen nur die zwei Worte »diese Brille«.

Als *Die Toten Hosen* ihren wirklich epochalen Auftritt beim *Karnevalsport* 2024 beendet hatten, verfielen alle Menschen in eine melancholische So-schön-wird-es-nie-wieder-Stimmung. Wenigstens, wenn sie älter als 35 Jahre waren. Einige Minister haben vor Rührung geweint. Doch bei den ganz jungen Leuten sah die Sache schon anders aus. Als ich fünf Minuten nach dem letzten Ton der *Toten Hosen* im VIP an der Theke stand, hörte ich eine circa 20-jährige Frau sagen: »Also bei dieser Kapelle gerade, da meine ich ein Lied erkannt zu haben, das mein Vater immer so gerne im Radio hört. Ich habe meinem Vater ein kleines Video davon geschickt. Mal schauen, was er dazu sagt.« Irgendwie war es für mich total beruhigend, dass der Zahn der Zeit vor niemandem Halt macht.

Doch zurück zur Radtour nach Athen. Die Fahrt selbst war mindestens genauso schön wie die nach Palermo. Und wie schon gesagt rate ich euch einfach dazu, so was mal zu machen. Sollten euch irgendwelche Alltagssorgen plagen, dann fahrt einfach mit dem Fahrrad durch Kroatien. Denn in Kroatien plagen euch als Fahrradfahrer ganz andere Sorgen. Kroatien hat nämlich sehr wenige Autobahnen. Somit ist auf den Landstraßen schon mal extrem viel Verkehr. Kein motorisierter Verkehrsteilnehmer bremst wegen Radfahrern ab, die LKWs schon mal gar nicht. Dummerweise sind die Landstraßen sehr eng konstruiert und verfügen über keinerlei Seitenstreifen. Seitdem ich mit meinem Kumpel durch Kroatien geradelt bin, weiß ich, wie es wäre, wenn man auf der A40 in einer einspurigen Baustelle mit dem Rad unterwegs wäre. Da Kroatien zudem sehr gebirgig ist, haben wir keine einheimischen Fahrradfahrer gesehen, nur ein paar andere Fernradler. Sehr erstaunlich, wo die alle hinwollten. Ein Solofahrer war nämlich mit seinem kleinen Hund nach Tibet aufgebrochen, und gleich mehrere junge Pärchen wollten nach Thailand. Die Antwort der jungen Menschen auf meine Frage, was sie denn im Winter machen würden, wenn sie doch laut ihrer berechneten Route irgendwo im eisigen Kaukasus sein müssten, bestätigte mich in meiner Ansicht, dass heutzutage andere Verhältnisse herrschen als früher. Die jungen Leute antworteten nämlich: »Ja, dann fliegen wir kurz nach Australien. Im Frühling fahren wir dann weiter auf dem Fahrrad.« Ok, die Youngsters scheinen heutzutage mehr Geld zu haben als die jungen Menschen, die in den 80er-Jahren mit dem Kleinkraftrad nach Holland gefahren sind.

Aber Vorsicht: Wenn du tatsächlich versuchst, in Kroatien im Sattel eines Fahrrades deine Alltagssorgen zu vergessen, dann könnten dir einige Aspekte zutiefst missfallen.

Erstens werden die Woken unter euch die Piktogramme hassen, die auf Badestellen am Strand hinweisen. Denn da zeigt der Jugoslawe gerne sexy Piktogramm-Frauen. Zum anderen ist ein veganes oder vegetarisches Leben in kroatischen Restaurants de facto unmöglich. Auch solltest du bezüglich Erdbeben hartgesotten sein. Wir erlebten damals ein Erdbeben, das immerhin eine 4,7 auf der nach oben offenen Richterskala erreichte. Mein Kumpel und ich lagen im Hotel, als es plötzlich draußen unfassbar laut lärmte. Es hörte sich an, als sei ein Güterzug mit Waggons voller Schotter entgleist. Und zwar mit 100 km/h und direkt vor unserem Fenster. Kurz darauf wackelte das komplette Hotel. Der ganze Spuk dauerte ein paar Sekunden. Im Hotel-Restaurant baten wir die Bedienung um eine Bestätigung unserer Ansicht, dass das ja gerade wohl ein schweres Erdbeben gewesen sei. Und der Kellner meinte nur: »Ja, das passiert hier andauernd.« Er sagte das so selbstverständlich, als hätten wir ihn nach der Uhrzeit gefragt.

Vor Hunden brauchst du als Radfahrer übrigens auf der ganzen Route über den Balkan keine Gedanken zu machen. In der Tat gibt es in Albanien sehr viele herrenlose Hunde. Schon 20 Meter hinter der albanischen Grenze lag die erste Horde auf der Landstraße. Aber die Köter in Albanien waren ausnahmslos nett, verängstigt oder faul. Überhaupt ist Albanien ein tolles Land für Radreisen. Zum einen ist es nämlich immer noch unfassbar billig in Albanien. Zum anderen sorgt die Armut der Gesellschaft dafür, dass auf den Straßen extrem viele einheimische Radfahrer unterwegs sind. Deswegen rechnen die Autofahrer in jeder Sekunde damit, dass von irgendwoher ein Radfahrer auftaucht. Das ist eine ganz andere Geschichte als in Kroatien. Denn in Kroatien ist es uns gleich mehrfach passiert, dass wir ungefähr mit 65 km/h einen Berg hinuntergesaust sind. Unten am Ende des Berges gab es eine Ausfahrt und in dieser Ausfahrt stand ein Auto, das auf unserer Straße seinen Weg fortsetzen wollte. Es herrschte Sonnenschein und die Sicht zwischen uns und dem Auto war vollkommen frei. Die Autofahrer haben uns angeschaut und sind dann in der letzten Sekunde losgefahren. Wir haben es so gerade noch geschafft, unsere Räder abzubremsen und nicht in die Autos zu knallen. Das haben die Kroaten nicht gemacht, um uns zu ärgern, sondern weil sie einfach keine Vorstellung davon hatten, wie schnell ein Fahrrad auf sie zukommen kann. In Kroatien fahren die Einheimischen nicht Fahrrad. In Albanien hingegen dürfen Radfahrer überall fahren, sogar auf der Autobahn – und noch dazu in falscher Richtung. Das fällt jedoch gar nicht auf, weil die Mofas das auch tun. In Albanien herrscht im Straßenverkehr dasselbe liebevolle Chaos wie in Süditalien. Kein Fußgänger schaut nach rechts oder links, wenn er die Straße überquert. Jeder Fußgänger weiß, dass die Autofahrer auf ihn aufpassen werden.

Mein Kumpel Alexander ist Gastroenterologe. Er verdient sein Geld hauptsächlich damit, Darmspiegelungen zu machen. Also schiebt er den lieben langen Tag dicke schwarze Schläuche in die Popos seiner Patienten. Oder wie Alexander auf Partys zu sagen pflegt: »Ich habe mein Hobby zum Beruf gemacht.« Auf jeden Fall hat Alexander mir während unserer Fahrradtour ins Gewissen geredet, dass ich bitte schön mal eine Darmspiegelung bei mir machen lasse. Denn heutzutage muss kein Mensch mehr an Darmkrebs sterben. Darmkrebs wächst nämlich sehr langsam. Gehst du alle zehn Jahre zu deinen Vorsorgeuntersuchungen, dann kann in dieser langen Zeit höchstens ein kleiner Mini-Darmkrebs in dir gewachsen sein. Den schneiden die Ärzte raus und zack bist du wieder gesund. Gehst du aber 20 oder 30 Jahre lang nicht zur Darmkrebsuntersuchung, kann es durchaus sein, dass so ein richtiger Oschi in dir gewachsen ist. Dann kann die Sache durchaus mit einem künstlichen Darmausgang oder im Sarg enden. Deshalb habe ich mich noch aus Griechenland bei einer Bochumer Arztpraxis gemeldet, die Darmspiegelungen durchführt, und einen Termin vereinbart. Und diese Darmspiegelung war tatsächlich eine Erfahrung, die es locker unter die Top 10 meiner Erweckungserlebnisse geschafft hat. Meine Bochumer Praxis arbeitet nämlich mit einer Art gynäkologischem Stuhl. Darauf wird man schön festgeschnallt, damit man nicht runterrutscht während der Kurzzeitnarkose. Denn Kurzzeitnarkose sollte schon sein bei einer Darmspiegelung. Das ist für alle Beteiligten besser. Die MTA kam also ins Zimmer und kettete mich an Füßen und Knien auf dem gynäkologischen Stuhl fest. Mein Popo blitzte schon blank. Die MTA war eine super gut aussehende Oberfackel. Seit diesem Moment weiß ich, dass ich auf keinen Fall masochistisch veranlagt bin und mein Geld bei einer Domina verpulvern könnte.

Ich sagte zu der jungen Dame: »Was kriege ich gleich eigentlich für ein Kurzzeitnarkosemittel?« – »›Propofol.‹« – »Ach witzig, stimmt das, dass man nicht mehr bis 10 zählen kann, wenn man das gespritzt bekommt?« – »Probieren Sie es doch einfach aus.« Und die sexy MTA spritzte mir das Propofol. »Eins, zwei, drei, vier, fünf, sechs, sieben, acht ...«

Bumm! Und weg war ich … Licht aus, alles dunkel – wie Stecker raus. Seit dieser Sekunde habe ich keine Angst mehr vor dem Tod.